特殊教育体育探索

赵美娟 著

中国矿业大学出版社

·徐州·

图书在版编目(C I P)数据

特殊教育体育探索 / 赵美娟著. —徐州:中国矿业大学出版社,2020.12

ISBN 978-7-5646-4823-7

Ⅰ.①特… Ⅱ.①赵… Ⅲ.①特殊教育—文集 Ⅳ.①G76-53

中国版本图书馆 CIP 数据核字(2020)第 229423 号

书　　名　特殊教育体育探索

著　　者　赵美娟

责任编辑　孙　浩　齐　畅

出版发行　中国矿业大学出版社有限责任公司

（江苏省徐州市解放南路　邮编 221008）

营销热线　(0516)83884103　83885105

出版服务　(0516)83995789　83884920

网　　址　http://www.cumtp.com　**E-mail**:cumtpvip@cumtp.com

印　　刷　江苏苏中印刷有限公司

开　　本　787 mm×960 mm　1/16　**印张** 12.5　**字数** 151 千字

版次印次　2020 年 12 月第 1 版　2020 年 12 月第 1 次印刷

定　　价　38.00 元

序　言

摆在我面前的是徐州市特殊教育学校体育教师赵美娟的著作《特殊教育体育探索》。通过阅读本书,我慢慢地对赵美娟老师从陌生到熟悉,对她认识得越来越清晰,对她看问题的独特角度、写文章的大气风格无比佩服。说陌生,因为平时没有较多的交集,而熟悉,是从字里行间的共鸣中得到的。

很多在我们看来平淡无奇的事情,在她的笔下却有与众不同的意义;一些我们不在意的东西,在她的眼中却能品味出生命的滋味。虽然对于体育专业知识我看得不是太懂,但是,我仍然很佩服她的才华和智慧,她能从很特殊的角度去发现爱的真谛,用那么丰富的词汇和美好的语言来描写各种各样的事物。

随着特殊教育的不断改革和发展,体育成为非常重要的课程。当前特殊教育学校体育教学全面革新,对体育教学内容要求的多样性以及教学体系的创新性,都提出了诸多价值诉求。体育教学是影响体育活动的一个重要因素,它决定一节体育课的质量。从这本著作中我们看到了赵美娟老师有关体育教改实验、科研课题等方面的研究内容，令人耳目一新。

体育课程是特殊教育学校的一门基础课程，通过体育教学可以提升特殊学生的身体素质，帮助他们养成终身锻炼的好习惯。赵美娟老师根据学生生理、心理特点，在课堂教学中秉承“趣、实、乐”的原则，注重学生学习兴趣的培养，创设基于学生生活经验的情景，开展游戏化、情境化的教学，有效解决重难点，使课堂活而有序、活而有“料”，让学生在乐中玩、玩中学，在运动中健康快乐成长。赵美娟老师能够基于特殊儿童发展的视角做教育，尊重、赏识每一位有特殊需要的学生，融情于教，融爱于行，静待花开。她的“体育微课进课堂”“超级达人”“擂主挑战”等灵活多变的教学方法让特殊学生对体育课翘首期盼。

体育教育是实施素质教育和培养全面人才的重要途径。特殊教育学校面对的是身体有障碍的特殊学生，让学生快乐每一天、进步每一天是赵美娟老师所秉持的理念。她利用传统体育项目的开展和特色体育项目的推广来提高学生身体素质，促进学生身心全面发展。她创新开展的全员趣味运动会，一校一品花样绳操，使特殊学生能和普通学生一样享受体育运动所带来的快乐。随着新体育教育思想的形成，健康体育、终身体育、生活体育和主体性体育的教学模式正逐步渗透到特殊教育的体育教学当中来。

赵美娟老师爱读书，从这本书中我们窥见了她所读的书可谓是洋洋大观：从哲学、教育学、心理学等诸多大家的作品到寓言、杂文、随笔，书籍起到了桥梁的作用。从理论学习到实践研究，她运用得恰到好处。工作20多年来，赵美娟老师撰写了大量论文，参加了多项课题研究，这让我敬佩不已。

赵美娟老师多年从事特殊教育的教学工作，有较丰富的理论水平和教学经验，可以说写这本书是有基础的。从她开始酝酿、列出提纲、整理资料直至成书完稿，我们多次交换意见，所以对赵美娟老师的思路、对本书的框架，我已经有了比较清晰的了解。就目前与国内同行的实践与研究相比而言，赵美娟老师可算得上是水平比较高的了。

我认为《特殊教育体育探索》的出版有着以下几点特色：

第一，这是由基层教师撰写的有关体育教学方面的专著，虽然不能用“第一”“唯一”作为衡量作品水平的标准，但是作为一种对实践成果的总结，并加以理论概括，实实在在是值得称赞的。

第二，这本书的内容十分丰富，尽管只是体育单科的内容，但所涉及的内容做到了形式多样、丰富多彩，比如融合教育、个别化教育等，从中可以看出这是作者多年经验积累和深入思考的结果，确确实实挖掘出了许多丰富的内涵，这一点是值得广大青年教师学习的。

第三，本书作者是一位普通体育教师，也是一位爱读书、爱探究、爱实践的研究者。赵美娟老师将所学的知识在学生中普及、推广，已经走到了常人的前面，使这本书的可读性高、可操作性强。这是一本理论联系实际的好书。

近年来，国家对特殊教育的重视程度逐步提高，但是特殊教育的研究至今还达不到令人满意的程度。以体育教学为例，大部分教师还只是以完成本职工作为已任，有些教师还在苦苦地进行着探索，有关体育教学的理论体系还没有形成，如何提高特殊学生的运动水平还需要进一步探索，赵美娟老师著作的出版无疑起到了引领的作用。毋庸置疑，这本书在中国特殊教育体育教学的研究史上会有一席之地，它对于正在开展的特殊教育课程改革，特别是体育方面的教学改革将是一股强劲的东风。

我相信，所有特殊教育的体育同仁们都会欣喜地欢迎它，并从中得到启迪，受到教益。

赵锡安

2020年9月10日

（“序言”作者系江苏省特级教师，江苏省有突出贡献的中青年专家，江苏省基础教育教学指导委员会特殊教育学科专家，江苏师范大学兼职教授）

前　言

《轻轻走向完美》是现代著名女作家毕淑敏老师专门为女性朋友倾心编著的一部佳作，内容包括情感、心灵、爱情、婚姻、家庭、工作、健康和幸福等。仔细品读后，我明白了如何去做一个幸福的人，如何处理爱情、婚姻、家庭、工作之间的关系，如何去感受来自心灵的声音，如何体会幸福的真谛。

人们常常问：幸福是什么？幸福是上帝送给我们每个人的礼物。它无法用金钱买到，无法用权力夺取。幸福是一种感觉，幸福是来自内心的感受，它深藏在每个人的心中。当你用心去感受时，你会看到它闪烁的光芒，它驱走寒冷，给我们送来光亮。

在我们的心里，寻找它不需要跋山涉水，历经艰险，在工作、生活之余只要停下来扪心自问，便会找到答案。

特级教师、教育专家袁卫星老师说过：对于幸福的教师来说，教育不是牺牲，而是享受；教育不是重复，而是创造；教育不是谋生的手段，而是生活的本身。作为一名特殊教育工作者，我们的幸福在哪里？有人认为办公环境改善了叫幸福；有人认为房子有了，车子买了，工资涨了，叫幸福；也有人认为学生分数考高了，教师奖金拿得多了叫幸福。而我作为一名特殊教育的教师认为：幸福是一群身体有障碍的孩子，能同健全的孩子一样在课堂上享受学习的快乐、感受成长的快乐，能同健全的孩子一样躺在蓝天下微笑……他们需要你、依赖你、崇拜你，这，就是最大的幸福。

生活在一群身体有障碍的孩子身边，无论是同学、朋友还是社会上的很多人都会用疑问或同情的目光注视着我们，甚至觉得我们一定是不幸福的。然而，当你闭上眼睛，捂住耳朵，用心去感受我们的生活时，你就会感受到通过老师的辛勤培养，这些孩子们正在健康地成长，这是多么幸福。

在特殊教育学校，不缺特别懂事的孩子。他们经常会给我们带来很多惊喜。他们把老师当成亲人一样依赖着，没有钱吃饭了找你，衣服破了找你。无论是学习还是生活上碰到困难，他们首先想到的就是老师。同样，他们发现你的异样也会很关切地问你怎么了。下雨时，他们会把自己的雨伞悄悄放到你的办公桌上；在每个值得纪念的日子里，经常会有一些小小的惊喜：一张画着笑脸的小卡片，一张写着祝福却又语句不通的小纸条，一张漂亮的剪纸，一幅亲手做的蛋壳画……没有人承认这些是谁的杰作，可是从他们藏不住的笑容中，我猜得出谁是其中的"主谋"。

记得有一年冬天，我的脚因打篮球扭伤，虽然不疼了，可是肿胀和淤紫还在，上课时，在组长的"谋划"下，高一班的孩子们为我开了一节别开生面的游戏课，他们把我抬在椅子上欢呼奔跑。从那之后的一个多月时间里，孩子们没有一次忘记给我在操场上放把椅子和一杯水。这份感动如同冬日的暖阳普照在寒冷的肌肤上，温暖而持久。

在20多年的教学生涯里，我的同学常说："我的学生成了局长”“我的学生成了老板”“我的学生春节来看望了我”“在你们那样的学校教书没有一点成就感”。每每听到这话，我都微微一笑，不赞同、不苟同，内心却在反驳他们贴的标签是何等世俗。

生活在这些身体有障碍的学生之中，我看过孩子们太多纯真的笑容，太多真诚的泪水，常常觉得在这样的学校里教书是件多么幸福的事情。与普通学生相比，这里的学生普遍缺少爱和关注。有的父母嫌弃这样的孩子，不愿过问孩子的事情；有的父母虽然有心照顾孩子，却缺少和孩子交流的方法，只能把所有的事情拜托给老师。在这些孩子的世界中，老师几乎是他们的全部，是他们与外界交流的唯一途径。所以，他们在乎，在乎老师的每一句表扬和批评，在乎老师脸上的笑容或怒容，在乎老师对他们的印象，在乎老师今天有没有多看他一眼……老师说的话，他们都会牢牢记得，认真去做，他们会想方设法让老师开心，会因为老师某一天脸上没有笑容而不知所措。因此，很多孩子分外懂事，从老师的一个眼神中，他们就已经知道自己该做什么。当然，他们也常常会不写作业，会拿别人的东西，会做错事……

是啊！他们就是这样一群孩子，永远做不到我们要求的那么完美，但他们也一样能为我们争得荣誉，残奥会上有他们拼搏的身影，领奖台上可以看到他们绽放的笑容。他们是如此渴望我们的关爱，如此在乎我们的关注。所谓“理解”“懂得”是多么肤浅啊！没有经历过，没有感同身受，又怎能真正理解他们的感受！走进他们的内心，才能真正体会到这份工作的意义。我们面对的这些弱势的孩子，他们需要我们。我们的一言一行都会影响他们的人生，这是多么神圣的职责。人生的价值，在我看来不外乎两点，自我肯定和被需要。自我肯定则心安，被需要则充实。帮助弱者改变命运，不正是最幸福的人生吗？

诺贝尔文学奖得主、法国著名思想家罗曼·罗兰曾说过：各人有各人理想的乐园，有自己所乐于安享的世界，朝自己所乐于追求的方向去追求，就是你一生的道路，不必抱怨环境，也无须艳羡别人。

幸福在哪里？幸福在我们自己的世界里。你在外部世界发现的所有快乐与幸福，都只是内心的投递，你的内心就像种子，所有的快乐都是从此而来的。生活里有许多美好与善良，也有许多快乐与幸福，关键在于我们能不能感受到，有没有发现美的那双眼睛、营造善的那颗心！让不太饱满的种子能在无声处生根发芽，茁壮生长，开花结果，散发出别样的精彩，这就是我的幸福。

赵美娟

2020 年 9 月 10 日

目　　录

实施伙伴互助,构建高效融合体育课堂

普通学校与特殊学校义务教育体育与健康课程标准,均强调体育课程在充分发挥教师主导作用的同时,要重视学生在学习过程中的主体地位,注重培养他们的合作精神、合作学习能力和交往能力。笔者所在学校设有招收普通学生和聋生的融合班。在融合体育教学中,笔者依照普通学校与特殊学校义务教育体育与健康课程标准精神,借鉴伙伴互助理论,指导学生进行同伴互教互学,使普特学生的身体素质、意志品质、合作精神、交往能力及体育技能等均得到提升。

一、安排互动活动,促进普特学生形成伙伴关系

为使普特学生初步建立友谊,让聋生信任普通学生、普通学生接纳聋生,笔者首先有意识地在排队、游戏中安排一些互动环节,如找朋友、抬花轿、看手势猜谜语、多足行等。这些互动活动的开展,让普特学生初步成为玩伴,逐渐建立友谊,为更好地合作奠定基础。另外,笔者还创设一定的情境,通过生日、节日互赠礼物,以及角色互换、讨论会等活动,使普通学生与聋生加深对彼此的了解,形成真正的伙伴关系。

二、巧妙分组，充分发挥学生主体作用

笔者在分析聋生和普通学生特点的基础上，对其进行合理分组，使普特学生在平等互学的氛围中实现知识的共享。一般采用组内异质、组间同质的分组方式，这既能保证小组内成员的能力与个性特征各有差异、为小组内的互助合作奠定基础，又能保证全班各小组间的公平竞争。

除了根据学生的体育特长、性别、性格、能力等进行分组外，笔者还根据体育教学内容进行分组，有时是同质分组，有时是异质分组，主要着眼于推动学生取长补短，充分发挥每个学生的主体作用。例如：在球类运动中兼顾学生的技术基础、兴趣以及男女生比例等进行分组。

此外，在体育教学过程中设置需要合作才能完成的任务，让聋生和普通学生互帮互学。例如，在技术动作学习过程中让学生自主分工，示范人、讲解人各尽其责，分工合作。

在这种良性的学习氛围下，学生的主体作用得以充分发挥，班级里形成了互相配合、互相帮助、积极进取、顽强拼搏的氛围。

三、采取“小老师”轮流制，提升普特学生综合能力

采取“小老师”轮流制，即班级中每个学生都来做“小老师”，可提升学生的综合能力。“小老师”的主要任务是同伴间教授教学内容，另外还可以参与课前准备场地器材、组织学生、领做准备活动、组织分组、小组间的分工、技术评价、比赛中的裁判等工作。“小老师”一般由学生按抽签号码或学号顺序轮流担任，每节课或每周换一名。在课堂中，“小老师”和班级中的其他同学通过手语、口语、动作互动，增加了学生回应的次数。无论是普通学生还是聋生，只要在当“小老师”时某一方面表现出色，笔者就及时鼓励，使他们在做“小老师”的过程中不

断地增强自信心。

笔者还根据安排表，提前对“小老师”进行方法上的指导，先让“小老师”理解课上活动的规则，熟练掌握动作技术，然后再让他们把自己掌握的知识技能教给同伴。“小老师”轮流制不仅使普通学生与聋生互相帮助，还提高了他们的责任意识、组织能力、合作能力等。

四、关注每个学生，做好个别学生的特殊帮扶

我国新一轮基础教育课程改革的理念之一是促进每一个学生的发展，包括学生的全面和谐发展、学生的自主性发展和不同学生的发展，关注个性发展与不同需求，确保每一个学生受益等。为了促进个体差异性较大的学生健康成长，笔者制订了个别化训练方案，从基本的身体素质、简单的动作技术、难度较大的技术帮扶学习等方面系统而有针对性地进行普特合作的指导与帮助。如，为帮助一位体重超重到严重影响体育锻炼及身体健康的学生减肥、提高其身体素质，每天早晚安排同学督促其进行快走、慢跑、跳绳等运动，继而开展伙伴互助练习，并利用社交网络平台讲解运动要点、随时比较步数和排名以及进行点赞、评论等，促进学生快乐地进行锻炼，使其体质有了明显提高。

五、点拨引导，助力普特学生共同进步

要组织好融合课堂中的学习活动，着力点是给学生创设良好的同伴互学环境和自由宽松的空间，并适当给予引导。例如，笔者在体育教学中发现学生思维受阻、困惑不解时，通过精讲点拨使其走出迷惑；在学生动作失误时，通过引导使其掌握正确的动作；在普通学生辅导聋生退缩或不知所措时，及时给予引导、鼓励，并在引导的过程中逐渐放手，把自主学习权还给学生，把合作互助、拓展创新的机会留给学生。不断引导普通学生和聋生寻找收集共同学习所需的方法、工具及

可利用的资源，选择恰当的学习方式、学习策略，使他们在共同学习中，实现主动合作、互相勉励、共同提高。

需注意的是，教师一定要把伙伴互教互学建立在尊重普特学生需要的基础上进行，充分发挥学生的主动性、积极性，如此才能实现融合教学的作用，达到事半功倍之效。

（本文发表于《现代特殊教育》2019年第10期，收入本书时略有改动）

合作在跑道上的魅力

——浅析盲人引跑员的选拔与培养

由于盲人运动员(全盲运动员)缺乏方向感和空间感,为防止其跑错道或发生相撞事故,需要引跑员引路才能让盲人运动员正常参加比赛。引跑员的优劣直接影响运动员成绩的取得。培养一位优秀的引跑员是盲人运动员和教练们共同的愿望,笔者从如下几点阐述盲人引跑员的选拔和培养方法。

一、根据盲人比赛项目,准确选定优秀的引跑员

盲人田径径赛项目有短跑、中长跑、长跑等,每种比赛项目,对引跑员的综合素质要求是不一样的。

首先,要了解盲人运动员和项目特点。短跑队员要从他的身体形态、生理机能、运动素质、短跑技术、心理特征等方面综合考虑,为其配备引跑员。例如,盲人运动员身高180厘米,体重90千克,配对引跑员就要选择一个稍微高点的、体型稍微壮实的,两人的步幅、步频、摆臂要协调一致。最重要的是,引跑员要喜欢这项运动,能有和同伴一起拼搏、一起鏖战到最后的决心。引跑员一定要反应速度快,速度感觉要好,能准确估计自己的跑速,合理分配体力,并能灵活调节速度,尤其是听-动反应要好,这些素质对引领盲人提高技术和成绩有良好

影响。

中长跑或长跑运动,是以有氧代谢供能为主的项目,引跑员一般选择体重较轻、下肢较长、肺活量较大、安静时脉搏较慢的运动员,重要的是引跑员有良好的心理素质,因为中长跑和长跑运动时间长,强度大,枯燥乏味,引跑员一定要能耐得住寂寞,要有稳定的情绪、顽强的拼搏精神、无私的奉献精神及合作精神。在中长跑或长跑过程中,引跑员对环境的适应能力要强,最重要的是耐久跑的能力要强,动作自然放松,跑的节奏好,重心移动较平稳等。

二、依据盲人比赛项目,正确培养优秀的引跑员

雅典残奥会短跑冠军吴春苗获奖后说:“领跑员对我们盲人运动员来说特别重要。在比赛中,他就是我的眼睛和方向,不但要为我引路,而且要随时告诉我其他选手的情况。这种配合的作用太重要了,平时在训练中磨炼了很多次才能达到默契的效果。”

下表为调查引跑员和盲人运动员总结情况:

询问项目	两者回答
技术战术	引跑员技术战术要全面。无论是起跑、途中跑还是冲刺跑技术不仅自己在比赛中发挥好,还要带领盲人运动员与其配合好。赛场上随机应变能力要强,遇到各种环境能适时调整技战术,并能准确地把自己的意图传递给同伴
配合能力	同伴间要有配合意识,关键时刻能乐于听取对方的合理化意见和建议,不执拗,不莽撞
身体素质	耐力、灵敏性、协调性、力量等身体的综合素质要全面,引跑员素质一定要比盲人运动员强
沟通能力	引跑员无论在平时的训练还是在比赛中沟通能力要强,许多盲人希望自己的引跑员语言表达能力强,能在瞬息万变的赛场上把发现的问题通过语言、肢体等形式快速传达给同伴
顽强意志	两者都希望自己的同伴有好胜心,不怕输的精神,顽强拼搏的精神,胜不骄败不馁;同伴间能互相信任,互相激励

根据以上调查发现,我们应从以下几方面对引跑员进行培养。

（一）引跑员与盲人运动员生活中的配合

作为盲人的引跑员,不仅要在训练、比赛中帮助盲人运动员,在平时的生活中从衣食住行等方面也要关心帮助他们,做他们的知心朋友。例如,引跑员帮助盲人运动员整理衣服,教他们洗、晒、叠衣服的方法,提醒或帮助他们系紧鞋带;就餐时,帮他们夹菜、盛汤,热水热汤及时提醒他们要小心;不随便整理和移动盲人运动员的用品;遇到上下楼梯及障碍物、危险物要及时提醒他们,平时多陪他们聊天、陪他们外出等。同时,盲人运动员也要体谅、感谢引跑员的付出。只有在两者的互助和合作中,才能逐渐培养他们之间的默契度和信任度，才能更好地为训练、比赛奠定基础。

（二）引跑员与盲人运动员技战术的磨合

田径比赛要求，行进中引跑员不能与被引跑者相差 50 厘米以上，不得拉拽，冲线瞬间必须让盲人运动员先触线，否则成绩无效。在赛场上，引跑员与被引跑者的默契能形成合力，与平时训练磨合是分不开的。起跑时，二人先出哪条腿、摆哪只臂需要反复磨合；弯道跑时，上下弯道可以用语言提醒“上”“下”，也可以用引绳牵拉来提醒，这都需要反复磨合。例如，激烈对抗中的狠扯表示有人追上来了需要加速冲刺等。长跑时，引跑员和盲人运动员要分析对手、对比实力、反复研究，协商制订比赛计划和详细的战术。再如，比赛中，常常会遇到老对手，或者发现对手很强，这时，作为引跑员可以用鼓励的方法或者用善意的谎言告诉盲人运动员，对手和我们水平相当，我们全力以赴一定能赢，不能长对手士气灭自己威风，不能让盲人运动员在心理上输给对手。引跑员与盲人运动员只有多练习多磨合，才能达到绝对默契。

（三）引跑员与盲人运动员心理素质的培养

优秀的引跑员应具备自信、顽强拼搏、乐于奉献的精神，要有良好的情绪控制能力，做到胜不骄败不馁，遇到复杂环境能随机应变。因此，在平时训练中，应经常组织他们参加各种实战训练及找寻不同对手进行比赛。从前一天睡眠、吃饭到赛前的准备活动，从速度控制到战术运用都要严格按比赛要求进行模拟训练；要到不同的场地训练，要在不同的天气情况下，特别是刮风下雨天气进行训练。遇到恶劣的环境、较强的对手或身体上的不适，引跑员和盲人运动员要相互进行语言的鼓励，双方可以通过手拉手、拍肩、拥抱等方式温暖对方，感受来自同伴的力量。赛期，引跑员在教练的指导下，通过询问、观察、疏导，快速使二人调整到积极的竞技状态。一旦进入赛场，引跑员就必须全神贯注按照二人的计划带领盲人运动员顽强拼搏。赛场如战场，盲人运动员观察不到，就需要引跑员有较强的应变能力和对手斗智斗勇。

总之，引跑员不仅仅是盲人运动员的“眼睛”，同时，也是一种力量的支持，是盲人运动员获得优异成绩走上更高领奖台的默默奉献者。融合计划强调融合教育，为残疾人平等参与社会生活铺路搭桥，相信，通过引跑员与盲人运动员的融合，残疾运动员在各级赛场上一定会魅力无穷，精彩不断。

（本文发表于《体育风尚》2018年第1期，收入本书时略有改动）

盲、聋融合的体育课堂教学新模式实验与分析

在盲聋学校的体育教学中，由于盲生看不见，教学内容受到很大的限制，聋生虽然听不到却有一双明亮的眼睛，活动内容相对较多。在教学中，是否能利用感官的互补将不同的知识加以综合和运用，从而找到一种适合盲、聋学生共同上体育课的教学内容和有效方法呢？为此，我们进行了研究和尝试。

一、研究的对象与方法

1. 研究对象

选取徐州市特殊教育学校四、五、六年级的聋生共计 80 人和三、四、五、六年级盲生共计 50 人。

2. 研究时间

2008 年 2 月至 2010 年 6 月。

3. 研究方法

(1) 问卷调查法：通过对盲、聋学生的问卷调查，了解体育课现状和学生掌握体育教学内容的现状。共发放问卷 80 份，收回问卷 80 份，其中，无效问卷 2 份，有效问卷 78 份。

(2) 行动研究法：在平时的体育课教学中，把盲、聋学生组织在一起进行授课并观察其活动效果，适时调整教学内容和组织方法。

据统计,大约上了300节课。

(3)访谈法:通过对40多人次的谈话进行分析,研究学生的课堂感受。

(4)归纳法:把体育课实践活动中积累的教育教学经验进行理论提高与升华,使之变为具有普遍指导意义的教育理论和方法。

二、结果与分析

1. 盲、聋融合的体育课堂教学的可行性与内容选择的多样性

在传统盲生体育教学中,由于盲生视力障碍,任课教师顾虑太多,怕麻烦更怕出现安全问题,教学内容选择较单一,仅限于原地徒手动作、短距离跑、简单的技巧动作等,课堂教学枯燥、乏味,致使许多盲生常年"站课",不爱运动,甚至怕上体育课。

盲、聋融合的体育课堂中,凡是聋生参与的体育运动,盲生都能在聋生的帮助下积极、愉快地参与。如短跑、自然地形跑、越野跑、接力跑、往返跑等。球类中如足球、篮球、门球、乒乓球等项目也基本都能完成。

盲生在他们最喜爱的游戏,如"找朋友""同心圆""大鱼网"等合作性项目中,找到了自信与快乐,学会了合作与创新。

2. 盲、聋融合的体育课堂教学组织形式的创新性

为了使盲、聋融合的体育教学更高效,笔者力争在组织形式上进行创新,找到更适合盲聋合一的课堂教学形式,既不影响聋生学习,更能促进盲生的进步。

如在跑的教学中,采用8种引导方法。短跑练习中利用哨声、鼓声、掌声引导,中长跑中利用短绳、长绳、皮筋、自行车牵拉。在跑的比赛中,为了使盲生分清"敌我",笔者利用各种乐器的不同声响来锻炼盲生的区分能力。如一队用鼓声指引,另一队用笛声指引。这样,不仅培养了学生的各种素质,也活跃了课堂气氛,愉悦了学生

身心。

3. 盲、聋融合体育课堂教学的新收获

无论聋生、盲生，在合作学习中，其身体素质、动作技能、意志品质、交往能力、自觉锻炼的良好习惯都有了长足的进步。特别是B1级全盲学生效果最明显，他们从过去每次上体育课“站课”到如今能在老师的带领下主动地跑步、跳绳等。聋生表现最明显的是有了一定的责任感，每节体育课能手把手教盲生动作，能及时传达教师的意图，纠正盲生的错误动作，及时消除安全隐患等。

从各项比赛成绩看，盲生进步很大，1分钟跳绳最多的可跳230多次，和聋生的水平基本相同。在2009年江苏省残疾人体育锦标赛中，我校共收获12枚奖牌，这是盲、聋合作学习效果的最好见证。

三、讨论与分析

(1) 盲、聋融合的体育课堂教学模式有许多优点，既可培养聋生的责任感；又提高了盲生的体育运动水平，盲生体育课的负荷及练习密度得到提高，畏难害怕的心理得到克服，参与了多种之前未曾接触的活动，如篮球、各种趣味游戏等。

(2) 从调查问卷可看出，聋生比盲生更喜欢体育课和体育运动。42.1%的聋生认为体育课可以使他们很开心，36.8%的聋生认为体育课可以增强他们的自信。盲生不如聋生喜欢体育课的原因很多，如行动不便，怕被人笑话，适合盲生运动的器材不足，怕受伤，更需要别人的帮助等。

(3) 盲、聋融合的体育课堂容易造成教师过分关注盲生而忽略聋生；聋生可选择的体育项目受到了限制，如跳山羊、排球等。

(4) 盲、聋合班上课学生相对较多，课堂组织、班级管理有一定难度，个别教材如运用不当容易造成安全问题，不能及时应对突如其来的危险。

(5) 从个别单项运动看,融合课堂是一个非常好的选择,如各种跑的训练和跳绳比赛等。盲、聋生结对子能互相提高、互相帮助,也可节省教师不少精力,长期配合也可为比赛引跑奠定基础。

四、实验研究的结论与建议

1. 结论

(1) 盲、聋融合的体育课堂教学模式在特殊教育学校中是可以采用的,对学生体育水平的提高、身体素质的锻炼、运动兴趣的培养、身体健康及终身体育的发展等都有很大的促进作用。

(2) 盲、聋融合的体育课堂教学模式适合全盲学生选用,也适合学校学生生源少、师资力量缺乏的学校选用。

(3) 盲、聋融合的体育课堂教学模式适合个别化体育教学,如田径队的个别短跑、长跑、越野跑等项目。

2. 建议

(1) 教师要教育聋生不欺负盲生,加强团结合作,要注重安全方面的教育。

(2) 家庭、学校、社会要大力支持残疾人体育工作。调查显示,有 30%的盲生认为盲生可用的体育器材不足。因此,要给盲人提供更安全、更实用的体育场地和器材。

(3) 学校要适时组织学生在教师指导下开展各种体育活动。据调查,有一部分盲生每天活动的时间仅为 10～30 分钟,体育活动时间不够充分。

(4) 教学中应适当进行规则、理论知识的传授。

(本文发表于《现代特殊教育》2010 年第 10 期,收入本书时略有改动)

浅谈盲人网球教学设施和练习方法优化

一、问题的提出

由于视力缺陷，一直以来，盲人球类运动，如盲人门球、盲人乒乓球等，往往局限于在地面或者地板等平面上进行，盲人很难参与普通人群中常见的立体式球类运动，无法体验到更加多元立体的运动感受。盲人网球是近年来兴起的一项新型网球运动项目，突破了球类运动平面化的限制，能够使盲人参与立体球类运动。这种立体运动，对促进盲生多感官统合、加强身体各部位的锻炼、提升自信心等有着显著帮助。

盲人网球运动在韩、日等国发展较好，特别是韩国，各盲校普遍开展了盲人网球教学，每年还举办视障人士网球邀请赛。但我国盲人网球运动发展还比较缓慢，参与和研究这项运动的盲校或教师还不多。我校积极探索适合盲生的各种体育运动形式，将盲人网球列为重要的校本教研项目，开展了大量实践探索。

二、盲人网球运动教学的优化实践

盲人网球的比赛规则和普通人常见的网球规则大致相同，区别是，盲人网球根据盲人视力障碍程度规定了不同的比赛级别，各级别球可以弹地的次数各不相同。比如，B1级比赛允许球在地上最多弹起3次，就必须要把球击打过网，否则算对方得分；B2、B3级比赛分别仅允许球在地上最多弹起2次、1次。

盲人网球运动对盲人的多感官统合有着很高的要求，基于对盲人网球特点的分析和盲生学习实际的掌握，我们尝试对盲人网球运动的工具、场地以及训练方法等进行一定的调整和细节优化，以更好地帮助盲生参与到这项运动中来。

（一）基于盲生特点优化工具和场地

目前，国内盲人网球运动专用设备还没有专门的厂家经营，从国外订购成本高还不一定适合本地本校学生特点和教师教学需要。因此，我们根据盲人网球运动的特点、规则和教师教学需要，进行了一些本土优化。

盲人网球运动所用的球是直径为9厘米的软球，比一般网球运动用球的直径要大3厘米左右。为了帮助盲生及时感知球的位置，我们把软球从中间对半剖开，挖去中空材料，把有声的盲人乒乓球运动专用球填充进去，再用弹性非常好的优质运动专用胶带把球贴合起来。

考虑到盲人网球的耐久性和打球的速度，所选用的球拍是市场上常见的短于56厘米的儿童用球拍，盲生持握相对轻松些。

球场和羽毛球比赛场地相似，长13.4米，宽6.1米，端线距限制线1.98米。一般来说，我们建议该项运动在室内进行，这样便于盲生及时感知球的运动变化。另外，为了让盲生能通过手或脚来确认自己的相对位置，以顺利地进行训练或比赛，需要所有的标线增加凸起的触感。经过综合比较，我们发现风筝线效果最合适，因此，我们在球场每条标线下都埋设直径约2毫米的风筝线，端线中心点有向外3米的延长线。这样，盲生在参与运动时，可以随时感知并确定自己所处的位置。

（二）研究制定适合有效的练习方法

初学时，盲生对这项运动兴趣很高，但在学习几次之后因为感觉难度比较大而产生厌学心理，有一部分学生特别是全盲学生经常出现“站课”的现象。因此，我们积极学习国内外先进训练经验，结合本校盲生实际情况，研究制定了一系列行之有效的练习方法，有效提高了盲生参与运动的积极性和训练的有效性。

捕球练习：教练站在球网前将球投出，让球弹跳 5 或 6 次后到队员能接到的地方，队员听到声音后用正手或反手捕捉到球，而后把球丢给教练以便连续练习。捕球练习为后续学习正手、反手击球做准备。

击打固定球：球放在纸杯上，学生用正手或反手击打固定球，体会击球的动作方法。

击打滚动而来的球：教练抛球，学生先用球拍接住使球停止，熟练后再练习击球过网。正反手都要练习。

对墙练习：学生自由组合进行练习。对墙练习可培养移动、击球步法和学生间的配合等综合能力。

比赛练习：两人一组，先由普通学生与盲生进行练习，逐渐过渡到盲生之间进行比赛。比赛设单打、双打、混双等，比赛规则与一般网球比赛规则一致。

采用以上这些适合盲生的新内容、新方法后，体育课堂成为盲生快乐活动的舞台，他们有了更多的展示自己的机会，参加训练和教学活动的积极性、主动性都得到了显著提高。

（三）为全盲生制定盲态矫正训练

对于全盲生来说，在网球运动中他们需要做更多的动作，身体各个部位都能够得到有效训练，从而有助于矫正盲态。在本门课程的教学中，我们专门为全盲学生制定了矫正各种盲态的训练方法。

如，针对“蹭步走路，伸着手触摸”这一盲态，采取的训练方法是:齐步走练习、定向走练习、熟悉网球场触摸练习;针对“手脚不协调,身体僵硬”的全盲生,进行各种徒手操、熟悉网球球性、网球脚步移动以及挥拍发球击球练习等;针对全盲生“原地转圈,空间感知觉差”这一问题,开展听声音移动、判断球的方向、对墙打球等练习;针对“大八字脚,弯腰驼背”的盲态,主要采取的练习方法是随线走、用脚反复触摸网球场地、贴墙纠正站姿等。

经过一段时间的训练,80%的全盲学生都能大胆地行走,跑步姿势基本正确,伸手前触摸的习惯基本改正,在网球场地上能行动自如;能自觉改进八字步和弯腰驼背的盲态,能做到挺胸抬头,步态美观。盲生的协调性、灵敏性、柔韧性都有了很大的提高,空间感知能力大大提高,能正确判断场地的大小和来球方向,能及时挥拍击球。

三、盲人网球运动教学的成效与思考

经过几年的实践我们发现,参加盲人网球运动后,盲生的平衡感、耐力、灵敏度、力量和爆发力等多方面的运动机能都得到了一定程度的提高。我校网球队两次赴韩国参加中韩日网球交流,取得了优异的成绩。在2012年第一次中韩日交流比赛中,我们取得了总分第三名的好成绩,5名队员中有3名打进八强。2013年中韩日交流比赛中,董祥玉同学勇夺全盲组单打冠军,他和陈威同学搭档,还夺得了B2级双打金牌。

(本文为徐州市教育科学“十二五”规划课题“视觉障碍网球教学的实验研究”成果,课题编号:GH12-12-L330;发表于《现代特殊教育》2017年第11期,收入本书时略有改动)

运动简笔画在自主学习中的运用与反思

在一次淮海经济区有效教学教研活动中，笔者针对聋生的语言、思维等特点，运用了看似不是体育教学的手段——运动简笔画。以《悯农》为背景、以一幅幅简笔画为主线，恰当引导、适时点拨、及时鼓励学生，让学生自主学练，师生共同演绎了一出生动活泼、寓意深刻的舞台剧。

教学片段一

课前一群学生聚在一起讨论教师提供的几张运动简笔画。图 1 是古诗《悯农》；图 2 是原地侧向投掷轻物；图 3 是游戏“播种与收获”；图 4 是“秧歌舞”。只见一个老者打扮的学生手舞足蹈地讲着什么，其他学生有的举手、有的顿足、有的皱眉、有的欢呼。

“丁零零”上课了！

师：今天的学案你们看过了吗？谁当小老师？

生：小杨老师！

只见一个头戴斗笠、手拿锄头的“老者”闪亮登场。顿时掌声雷动。

“老者”用自己的方式讲述了锄禾日当午、汗滴禾下土的艰辛，并带领学生练习了一套自编劳动操。

赏析：

锄禾日当午，汗滴禾下土。
谁知盘中餐，粒粒皆辛苦。

图 1

学生根据教师提供的学案——几张运动简笔画，运用自己最擅长的表演方式登场，激发了学生的兴趣。学生根据自己的能力各自选择了角色，教师给学生提供了自主发挥、自主创新的空间。教师将绘画这种充满想象力、展现个性的艺术形式与聋生对知识的理解特点相结合，凸显了教法选择与聋生实际能力相结合的和谐之美。

教学片段二

师：你们见过农民插秧吗？（学生各抒己见）

学生有的做出抛秧苗的动作，有的做出扔甩秧苗的动作，有的做出推的动作……

师：我们讨论一下哪种方法掷得远吧！

教师出示图 2（原地侧向投掷轻物）。学生边看简图，边讨论，边模仿蹬地、转体、挥臂过肩动作（学生用彩色毽子做秧苗）。

师：拿出画笔，迅速画出你同伴的投掷动作。

学生边画边指出同伴的优缺点，有的同学还用彩色笔标画出动作的重点和难点。

赏析：

运动简笔画图形简单、形象鲜明、幽默风趣，寥寥数笔就能传递

图 2

出丰富的语言内涵，清晰地勾勒出语言情景，是对聋人手语讲述不深不透的补充。运动简笔画形象地展示了动作的完整过程，使学生初步形成动作表象，让学生通过合作性练习加强对动作技能的理解，最终学生能画出动作简笔画、发现同伴的优缺点，从而在纠正别人的过程中自己得到进步。

教学片段三

师：(出示图 3)图中的同学在做什么？

图 3

各小组讨论播种与收获。

师：让我们开动脑筋、行动起来！

学生分组自主练习，有的先挖坑画圈，有的先放种子……操场上呈现出你播我收的丰收场景。

赏析:

正常儿童的思维发展一般要经历动作思维、形象思维和抽象思维三个阶段。而聋生由于语言发展迟缓,思维往往仅限于动作思维和形象思维。通过观看简图明确“播种”与“收获”,在自设场地时注重学生个性发展的教学理念,学生尽抒情怀、发挥想象、欢呼雀跃,呈现出自然生成的精彩。

教学片段四

师:(出示图4)谁能带领大家根据自己对秧歌舞的理解创编几节秧歌舞?

图4

一位女生自告奋勇。

师生手拉手跟随这位女生一起跳起了秧歌舞。欢快的气氛让听课的老师跃跃欲试,有一举同欢的冲动。这位女生还邀请了两位嘉宾共舞。欢笑声、乐曲声、掌声汇成一片。

赏析:

欢快的气氛让所有与会老师都感受到了运动的快乐,那种没有雕痕的和谐让人羡慕。每个学生都发挥了自己的特长,张扬了个性。纵观整个教学过程,教师始终以“画”为教学主线,从画切入,又以画来引舞,学生主动参与,教师适时点拨,体现出教学过程的自然流畅之美。

【教学反思】

(1) 简笔画教学是一种行之有效的趣味教学形式。这种教学方法是用最简单的线条和图形来表达各种人物、事物、景物和意境的一种独特的绘画艺术。这种绘画形式图形简单、形象鲜明、幽默风趣,寥寥数笔就能传递出丰富的语言内涵,清晰地勾勒出语言情景。它与挂图、图片、实物等传统教具及幻灯片、音频、视频等现代教具相辅相成,共同担负着传递教学信息,达到教学目标的使命,简便易用。简笔画是由一支笔、一张纸,一瞬之间、一蹴而就,省时、省力又省料。简笔画教学对于聋校体育教学和聋生自主学习、创新学习、合作学习的培养具有现实意义,结合聋校体育教学的实际和聋生思维、认知、身体状况等特点,颇具现实意义,根据新课程新理念对聋生的自主学习、创新学习和合作学习的培养颇具启迪意义。

(2) 叶澜教授认为,教学活动应该让每位参与活动的学生都能够唤起内在的激情。简笔画虽然寥寥数笔,但出神入化,其形象、逼真、幽默、生动,常常吸引学生注意,使学生目不转睛。一堂好课,我们主要看是否调动了学生的自主性、主动性、积极性和创造性。学生学习的主体性不是天然具有的,而是要靠教师通过长期的教授、指导、引导所习得。学生是学习和发展的主体。在体育课堂教学中,要充分体现出学生既是教学的主体,又是思维的主体,还是身体练习的主体。本节课真正凸显了学生的主体作用,紧紧围绕"快乐的田间劳动",以《悯农》导入—欢快的插秧(投掷)—播种与收获—丰收的喜悦,各部分内容相互衔接。透视本堂课的教学,在一张张运动简笔画的引领下,我们切实感受到了自主学习、合作学习,以及师生间民主平等的新型体育课堂的无穷魅力。

(3) 运动简笔画应是体育教师们最基本的教学技能之一,由于幻灯片、音频、视频等现代教学形式的运用,运动简笔画被搁浅,每每备课之时总有"每当用时方恨少"的感觉。笔者认为在课改的潮流中,我们还是要把握住“变”与“不变”:哪些理念和方法该改?哪些基础的东西更该保留呢?为了这些特殊学生能更好地适应社会,特殊教育工作者要不断地在实践中反思,在反思中进步,通过各种方法培养他们,提高他们的各种能力。

(本文发表于《科学大众》2013 年第 11 期,收入本书时略有改动)

浅谈微课在聋校体育教学中的作用

本文中的“微课”是指基于聋生体育教学设计思想,使用多媒体技术在 5～8 分钟以内就一个知识点进行有针对性讲解的视音频。

一个普通人 80％以上的信息都是通过视觉和听觉通道传入大脑的,大多数人主要通过视听两个渠道获取信息。微课主要能够有效地把讲不通透的知识,教师完成不了的动作示范,抽象、微观的知识变为更直观、更具体的视频材料,使学生通过观察—模仿—练习来更好地理解和掌握知识,特别对聋生体育技术技能的学习能够给予很大的帮助。

一、微课是提升教师综合素质的帮手

微课的制作过程是一个研究教材、研究学生、研究教学方法及反思教学的过程。微课便于传播,同行间可以通过互联网学习好的经验。每个教师都有各自的教学思想和教学经验,如果只是通过走出去、请进来的方式互相学习,会使教师之间的交流和共享受到限制。微课、翻转课堂的出现提供了很好的传播方法和共享平台,通过微课的制作、应用,能使教师在多媒体应用、教育教学、科学研究、写作等方面的综合素质得以提升。

每个体育教师虽然各有自己的专业特长,但是不可能跑跳投、篮排足、大球小球样样精通,每个人都有自己的短板,而体育教学内容不能因不同教师的短板而不去设置。微课的制作为体育教师的教学提供了帮助。例如:一个篮球专业的教师在教授篮球技术时无论是基本技术的示范、攻防战术的教授还是比赛的组织都会得心应手。而让其教授舞蹈、武术、乒乓球也许他就会有畏难情绪。再如,一位年过半百的女体育教师,要想亲自去完成一个高难度的示范动作,是很困难的。微课的呈现便可以帮助教师克服这些困难,把教师想呈现的内容,通过字幕、音频、手势、分解示范、仿真人完整示范或者录制好的视频等帮助教师进行教学。

二、微课是培养学生自主学习的助手

"学讲计划"强调落实学生学习的主体地位,以自主学习贯穿学习整个过程,因此给学生提供自主建构的时间和空间就显得尤为重要。

随着科技的发展,可以承载视频玩赏与文本浏览的智能终端越来越多,微课的运用越来越方便。

微课小而精,专门针对某知识点进行针对性讲解的视音频,特别是针对学生学习困难的问题,十分适合自主学习。因为微课不受时间和地点的限制,随时随地都可以观看,可以根据视频的播放速度、播放次数,使不同层次的学生根据自己的需要,选择性地学习。微课可以反复播放,一遍不会再来一遍,特别适合学困生的转化和分层教学,能更好地满足学生对学科知识点的个性化学习。学生根据自己的情况按需学习,既可查漏补缺,又能强化巩固。

体育微课用在课前的自主学习,能帮助学生了解新授知识,起到预习效果,为新授课做好铺垫;用在课中,能帮助学生正确掌握动作要领、动作方法,突出动作的重点,分解动作的难点;用在课后,能帮助复习巩固。例如:现在每个家庭都很关注孩子的身体健康,都希望孩子能掌握1～2项体育运动，教师就可以把篮球、排球、乒乓球、舞蹈、足球、棒垒球等学生比较喜欢的运动项目，系统地做成微课，通过优酷、微博、QQ群、微信群等平台发布，学生既可以自主学习，还可以交流讨论。这是培养学生自学能力的良好方法，是对传统课堂教学的一种补充和延伸。

三、微课是家校联系的纽带

当今为了孩子的教育，学校、家长、教师之间形成了教育合力，建立了微信群、QQ群、微博等交流平台，教师要合理运用这些平台，把体育微课传送到交流平台上，并布置相应的家庭体育作业实行打卡反馈。如，让父母陪孩子一起观看微课，陪着孩子练习篮球、足球、蛙跳、跳长绳等，不仅锻炼了孩子的身体，也在交流中了解了学校的动态，了解了孩子的在校表现，能在活动中更有针对性地对孩子进行思想品德的渗透，长期坚持能建立良好的师生关系、良好的亲子关系、有助于培养孩子健全的人格和健康的身心。体育教师要抓住这一点，做好家校联系的纽带。为了学生的健康成长，为了中国的未来，体育教师责无旁贷。

希望一线的体育教师们提升多媒体的运用技术，在体育教学中更多地开发体育微课，利用微课把体育课上得有声有色，实现学生想学什么，教师就能教什么，而不是自己能教什么，才让学生学什么。

总之，在学讲体育教学中，一切为了学生的健康，为了一切学生的健康，要创造性地开发更多的体育微课，最大化地让学生在体育课上享受学习的快乐、运动的快乐、竞争的快乐、成功的快乐。

（本文获2018年全国现代特殊教育论文大赛三等奖）

浅谈“学讲计划”中提高学困生参与度的方法

徐州市推行的“学讲计划”已经实践了两年多，实践证明“学进去，讲出来”的教学方式充分体现了自主学习、合作探究的理念，符合教育规律，符合学生成长规律，符合学生学习规律。但在听课、上课的过程中，我们发现，在小组活动时，优秀学生表现的机会多，代表小组展示的机会更多，而学困生往往成了看客、听客，时间久了，他们不再思考，不想表现，不想回答。

本文所说体育学困生是指身体协调、力量、柔韧、灵敏等素质差，学习体育技术能力不够或者个别身体有疾病、运动意识不强等完成不了体育课堂任务的学生。

为了避免在体育课上出现上述问题，笔者从如下几点谈谈在体育课上提高体育学困生参与度的方法，仅供大家参考。

一、设置恰当的目标，使之“跳一跳摸得到”

苏联心理学家维果斯基的最近发展区理论指出：要想调动学生的学习兴趣和积极性，在设置教学内容和目标时，一定要恰当。如果内容过多、目标太高，学生完不成，容易打消学生学习的积极性，使学生有挫败感；如果内容太浅显，知识幼稚化，学生缺乏刺激和挑战，久而久之，学习便失去了诱惑力。在学讲课中，教师要根据学生情况，分层次布置任务，对于学困生，应设置一些适合的任务。例如，在教学中，教师利用游戏、故事导入、竞赛等方式来教授并激发学生的学习欲望，有了兴趣，学生就会积极主动地思考问题，这样就能更好地激发学生达到他们的最近发展区，使他们能真正做到"跳一跳摸得到"。

在小组合作中，教师有意识地安排学困生回答或练习一些简单的动作，逐渐让他们树立信心，而把难的问题留给成绩好的同学，使他们不感觉知识太浅、太乏味。例如在排球课教学中，身体素质好的学生可以学习上手发球、扣球、拦网等技术，身体素质一般的学生可以学习垫球、传球、下手发球等基本技术，身体素质较差的学生可以学习自垫球、抛传球、近网下手发球等简单技术，逐渐向上一层迈进，教师要让后进生展示他们最拿手的动作，加强表扬与鼓励，逐渐让每位学生都认识到哪些技术是自己所擅长的。长此以往，每一位学生都树立了信心，培养了兴趣，为今后的体育学习奠定了基础。

二、安排合适的角色，发挥自身特长

一节体育课基本环节主要分为准备部分、基本部分和结束部分。要想让学生得到充分的锻炼,每个部分设计时都要考虑学生的特长、兴趣,从而设置不同的角色。

准备部分可以设计"小老师"轮班制,让学生轮流当小老师,小老师根据本课所学内容有针对性地通过游戏、热身操等方式带领小组做好准备活动。这一环节内容相对简单,每一位学生都能完成得很好,培养了学生的组织能力,增强了学生的配合意识。

基本部分一般是新授内容。学生在此环节可以通过自学自练、互学互练、合作学习、展示评议、教师点拨、改进提高等完成新授内容的学练。教师可以根据小组特点,让技术动作好的学生能主动地去帮助、保护素质差的或学习有困难的学生。学困生在自练中可以得到本组同伴的鼓励和帮助,在合作中能发挥自身价值,在展示评价中有表演和发言的机会。总之,教师要尽量使每个学困生都能快乐地、有尊严地参与体育知识的学练。

结束部分中,教师可以根据学生的特长安排内容。如女生喜欢舞蹈,可以多给女生机会,带领学生放松;男生爱表演哑剧,可以让男生表演。大家在舞一舞、笑一笑、说一说中结束本课。

教师如果每节课都能如此精心安排,有意识地去培养学生,那么每个学生都能在体育课中享受到学之乐、苦之乐、练之乐。

三、巧设加分评价,培养荣誉感

每个学生都有荣誉感,都想让别人承认自己存在的价值,特别是初高中学生,更想在同伴面前表现自己。因此,在体育课的评价中,笔者运用加分法调动每个小组成员发挥自身作用,竭尽全力地为本组荣誉而努力。例如,在跳远学习中,采用加分法评价,把每个学生的成绩加起来计算本组平均成绩,还可以根据动作优良进行适当加分得到本组最后得分,详见表 1。

表 1　跳远计分表

<table>
<tr><th></th><th>姓名</th><th>第一次</th><th>第二次</th><th>第三次</th><th>加分</th><th>技术加分标准</th></tr>
<tr><td rowspan="5">灌篮高手组</td><td>张某</td><td>3.2 米</td><td>3.3 米</td><td>3.6 米</td><td></td><td rowspan="10">1. 助跑起跳衔接好加 2 分、1 分、0.5 分不等。
2. 空中动作姿势美观加 2 分、1 分、0.5 分不等。
3. 落地缓冲好加 1 分、0.5 分不等</td></tr>
<tr><td>李某</td><td>5.4 米</td><td>5.8 米</td><td>5.8 米</td><td>2;1</td></tr>
<tr><td>王某</td><td>4.6 米</td><td>5.1 米</td><td>5.2 米</td><td></td></tr>
<tr><td>赵某</td><td>4.8 米</td><td>4.9 米</td><td>5.1 米</td><td>1</td></tr>
<tr><td>均分</td><td>4.5 米</td><td>4.78 米</td><td>4.93 米</td><td></td></tr>
<tr><td rowspan="5">空中飞人组</td><td>边某</td><td>3.2 米</td><td>3.3 米</td><td>3.6 米</td><td>2</td></tr>
<tr><td>杜某</td><td>4.4 米</td><td>4.8 米</td><td>5.3 米</td><td></td></tr>
<tr><td>王某</td><td>4.6 米</td><td>5.3 米</td><td>5.8 米</td><td>0.5</td></tr>
<tr><td>刘某</td><td>5.5 米</td><td>5.5 米</td><td>5.6 米</td><td>1</td></tr>
<tr><td>均分</td><td>4.42 米</td><td>4.72 米</td><td>5.08 米</td><td></td></tr>
</table>

备注：均分第一名小组得 10 分，第二名得 8 分，第三名得 6 分，依次类推。最后，成绩加上技术加分，分数高者名次列前。

要想使特殊学生发展成身心健康、对社会有用的残而有为的少年，体育有不可替代的作用，体育教师一定要灵活运用各种方法，使每一个特殊学生能享受到体育课所带来的快乐，更要让体育学困生有尊严地参与到体育课的学习、竞赛中。

（本文获 2016 年徐州市“科研杯”二等奖，收入本书时略有改动）

激趣乐学　自主探索

当今的时代是科技竞争的时代,而竞争的成败往往取决于人们的合作,一个人的能力毕竟是有限的,如果不善于和他人合作,将不同的知识加以交流、综合、提高、运用和拓展,就很难适应时代的发展要求。

传统的教育比较偏重教师教,现代的教育开始重视学生学,并响亮地提出了"让学生学会学习"的口号。"探究性小组合作学习模式"体现的就是在教师有效的引导下,学生通过自主的、积极的、愉快的探索与发现,掌握知识、提高能力的一个过程。在探究性小组合作学习环节中,学生的学习方式和学习过程由以往教师教授式的学习改为学生通过自主探究、小组合作探索式的学习。它的特点可以概括为:激趣乐学,自主探索。它的基本教学过程可以概括为:创设情境,合作探究,交流点评,应用拓展。

第一个环节:创设情境

这是课堂教学的开始阶段,目的是通过设计一定的情境,帮助学生主动地投入到学习过程中去。小学生的思维主要是以感性思维为主,比较喜欢生动形象的感性事物,因此,在教学的起始阶段,教师不能简单地引入学习内容,应该采取迂回的方法,目的是激发学生内在的学习兴趣和学习动机，充分调动学生的求知欲。

第二个环节：合作探究

1. 初步感知。当学生的好奇心被一定的情境完全激起时，就唤醒了学生的探索欲望，学生就会主动地探索知识。这时，可以让学生开展自学、尝试、猜测、想象等自主活动，以对所学习的内容初步感知，建立表象。

2. 合作交流。如今，信息已成为重要资源，合作学习能够突出群体内的互助与合作，使每一个学生尽可能地表现自我、展现自我的个性，学生可以在合作中获得大量的信息，做出恰当的选择与判断，并通过抽象、概括形成一定的策略。这个环节中，教师既可以加入到学生中进行辅导，也可以观察学生的学练情况，随时注意个别学生的情况，并根据实际需要对学生进行辅导，强调学习的重、难点。

在本环节中，教师可以运用信息技术手段对学生进行引导。

首先，诸如幻灯片、音频、视频等能够引起自主探索的极大兴趣，学生可以清晰、直观地掌握本节课的知识点。其次，课程资源本身的操作性、选择性都比较强，学生在学习过程中，通过亲自实践，探索发现本节课的知识内容。在每一步操作过程中，学生不仅可以发现与学习有关的知识，而且可以动手操作，从而提高自主学习的意识和水平，体验到自主学习的优越性。

第三个环节：交流点评

在学生合作的基础上，让各小组的一位代表用自己的语言来阐述探索的过程和得出的结论，使教师和学生之间了解他们真实的思维活动。

本环节中，教师对学生的行为表现进行总结评价，巩固强化学生自主乐学后的情感体验，进一步认识到学生在运用现代信息技术进行自主学习的优越性和便利性。现代信息技术不仅为学生进行自主学习提供了便捷的条件，而且有利于师生之间、生生之间的互动与共享；在学习过程中，课件中丰富的内容不仅为学生进行自主学习提供了大量的学习资源，而且可以陶冶学生的情操；即时反馈功能对于学生成功体验的增强、自信心的建立、学习积极性的提高及学习过程中自主学习能力的潜在提高都可起到事半功倍的效果等。

实践证明，在体育理论教学过程中，学生通过运用现代信息技术所进行的学习是可行的、有效的，在这个过程中学生是自主的、乐学的，他们是在自主参与、乐于求知的心态下获取知识的。这是符合现代教育教学思想和学习观念的，它是以学生的“学”特别是“乐学”为主的自主学习方式。

本环节是学完新知后进行自主学习反馈，同时教师检测学生学习效果，强调教学重难点，进行课堂小结的过程。这个过程也是师生间、生生间互动交流的一个过程。大家一起解决学习过程中发现的问题，针对学生们的反馈，教师做出肯定与纠正，给予学生有效指正。看到自己的学习成果与大家一起共享，学生们当然兴趣盎然，积极参与，获得一种成功体验，效果较好。

作为教师，要针对学生的汇报情况，在简单判断的基础上，因势利导，挖掘学生智力潜能，充分发挥评价的诊断、反馈、引导、激励、强化功能，启发学生的创新思维。对于学生来说，表扬和批评会直接影响到学生的思想和行动，因此，教师要循循善诱，多表扬、少批评。在教学中，教师要及时有效地评价学生，多说些鼓励的话。要及时总结他们的闪光点予以表扬，使他们体验到成功的愉悦，产生强大的内部动力，从而树立学习体育的信心，提高学习体育的兴趣。

第四个环节:应用拓展

在自主探究、反馈点评的基础上,让学生运用已学知识解决一些实际问题,使学生进一步巩固对新知识的理解和掌握,同时与已有的知识结构相互作用,把新知识整合到自己已有的认知结构中,更利于知识的迁移和运用。

通过总结认为,要想真正实现让学生自主和乐学,在设计探究性小组合作学习模式的学习过程中还需要注意以下几方面:

1. 关于自主。自主学习的课程应该是双向互动的,也就是学生在学习中犹如和教师在进行交流,有一些对话式的讲解,引导学生一边学习、一边思考。在教学时,要充分利用多媒体技术。首先,教学内容可以用多媒体显示,为学习者创设多样化的情景;其次,建立友好的交互界面,激发学习者学习的兴趣,调动他们参与学习的积极性;第三,建设超文本链接,提供多种教学信息进程结构,满足不同学习者的信息需求。

2. 关于乐学。孔子是乐学的创始者。子曰:知之者不如好知者,好知者不如乐知者。知之、好之、乐之是三种学习的境界,其中以乐之为最高境界。乐学者学习效果好,所以要强调乐学。乐学并不是简单的快乐。没有成功便没有乐学,反之亦然。不同水平的学生,有不同形式的乐学,因而也就有不同程度的成功。拥有适度成功的乐学过程,既能减轻学生过重的负担,又能真正提高教学质量。从整体上看,学习的意向应当是成功的、积极奋进的、生动活泼的,逐步陶冶学生的性情,使学生达到乐学的境界。这样可以优化教学和学习过程。

这种学习模式,也存在着一定的局限性。首先,该模式不适于过多学生集中学习。该模式的学习过程中,教师对学生“放”的多,“收”的少,不容易对学生们的学习过程进行控制。其次,该模式并不适于所有体育内容的学习,这是由学生思维水平的特点和体育学科内容本身的特点所决定。所以,教学中一定要结合所学内容选择合适的学习方式和组织形式等,这是最重要的。

总之,自主学习是学生学会发展、进行终身学习的必由之路;乐学是学习的最高境界。无论从现实看还是从长远看,无论从理论看还是从实践看,笔者认为,还学生自主,充分发挥学生的自主能力,让学生乐学,实现学生的乐学效果,是今后我们应该继续努力的方向。

(本文获2009年徐州市"创新杯"教学论文一等奖)

漫谈特殊学生“乐商”的培养

乐商和情商、智商一样，是一种不可或缺的素养。乐商主要包括三个方面的维度：一是指在日常生活中的乐观水平或程度；二是指人能从所经历的消极事件中摆脱出来并从中获取积极因素的能力；三是指影响他人变得乐观的能力。针对以上三个维度，笔者结合积极心理学理论，谈谈特殊学生教育工作中的做法，和更多的一线教育工作者共同研究如何提高学生(特别是特殊学生)的乐商，培养特殊学生健康、快乐、积极向上的心理。

一、故事中明白道理

故事教学是教育中十分重要的教学方法之一，它不仅可以充分挖掘学生探索知识的兴趣，还可以调动学生学习知识的积极性，激发学生的热情，并从故事内容中明白事理，从故事角色中受到启迪。

特殊学生因身体不同程度的残疾，活动的场所太少，交流的对象受限，久而久之就会产生孤独感，如果不及时地干预，随着年龄的增长，孤独的体验会日益增强。特殊学生在生理上的缺陷，使他们在学习、生活和就业方面会遇到诸多困难，如果他们从亲属及其他社会关系中得不到足够的支持和帮助，就会产生自卑心理。作为教师，为了使他们放下心里的包袱、和普通的孩子一样愉快地投入到生活、学习、工作中去，应经常给他们讲一些残疾人自强不息、奋勇争先的励志故事。如：尼克、海伦·凯勒、张海迪、保尔、霍金、桑兰，以及我校优秀舞蹈演员程钺等。他们为祖国争光、为民族争气的爱国精神，自强不息、奋勇争先的进取精神，挑战极限、超越自我的拼搏精神，不畏艰难、追求卓越的敬业精神，齐心协力、团结互助的协作精神，给学生留下了深刻的印象。他们的精神，他们的毅力，他们成功后永远灿烂的微笑深深地打动了学生。通过这些故事，使学生们明白残疾人一样可以为国争光，一样可以铸就辉煌。学生从故事中受到激励，用别人成功的事例来鼓励自己，从而走出孤独、走出自卑，投入到自己所喜欢的学习中来，为自己所热爱的学习项目去奋勇拼搏。

二、游戏中收获快乐

游戏能培养学生顽强、勇敢、坚韧、遵守纪律、团结协作等优良品质。它具有的情节性和娱乐性，能使参与者产生愉快的情绪体验。体育游戏的新奇、惊险、激烈、紧张本身就能给参与者带来愉悦的感受；体育游戏在轻松愉快的气氛中进行，不仅能提高参与者的基本活动能力，促进呼吸系统、运动系统等协调发展，而且在体育游戏愉快的竞争对抗中，能很自然地表现学生的体力、技能与智慧，从而满足学生生理心理上的需要。介于以上特点和作用，笔者常常在课程准备部分选用一些如“找朋友”“花样转法”“反口令”等游戏提高学生的兴趣；在准备部分和基本部分选用一些体育技战术游戏如“角力赛”“追逐跑”“篮球传球”“跳远接力赛”等游戏。为了提高学生的合作意识和合作能力，笔者常常选用如“同心圆”“多足行”“划旱船”等一些需要学生齐心协力、密切配合才能完成的游戏。长期的训练使特殊学生真正参与到体育活动中，他们的身体素质提高了，盲生的灵敏性、协调性、空间感知等能力都有很大的改观；聋生不仅提高了自己认知能力、技术技能、情感等各方面的能力，也学会积极主动地去帮助比他们学习更困难的盲学生。在游戏运动中，每位学生都收获了自信，收获了快乐。

三、音乐中陶冶情操

音乐是生活中的一股清泉，音乐是陶冶性情的熔炉。音乐可以改善人的性情，音乐可以衬托出人性本质里的善良，抒发对爱与被爱的向往、对社会的理解及人与人之间最真诚的感情。为了陶冶每一个特殊学生的情操，我校运用律动教学让聋生能够通过感觉自己身体的震动来体验音乐美，组建了残疾人艺术团等来培养聋生的节律感和乐感；组织了盲生乐团，让每一位盲生都能学习一门乐器。而且，不断给他们提供展示自己的平台，经常去社区、敬老院、大学校园参加各种比赛和表演。通过练习、展示、比赛，那嘹亮的歌声唱出了爱，唱出了心声，那悠扬的笛声、美妙的古筝，催促着人们奋勇向前，表现了学生们的喜悦之情。在掌声和鲜花的簇拥中，每个学生都从期初的不敢抬头看人、不能大胆跟人交流、步伐蹒跚、胆怯、自卑到现在的阳光、自信、勇于表现自我。音乐的学习敲开了学生们封闭的心灵，陶冶了学生们的情操，激起了学生们对生活的无比热爱，树立了学生们的信心，为将来走向社会奠定了坚实的基础。

四、感恩中找到真爱

爱是治疗生理与心理疾病的最佳药物，爱会在不知不觉中改变并调节人体，有助于人们表现出积极的心态、扩展包容力。生活给予我们挫折的同时，也赐予了我们坚强，我们也就有了另一种阅历。酸甜苦辣不是生活的追求，但一定是生活的全部，试着用一颗感恩的心来体会，你会发现不一样的人生。没有一颗感恩的心，孩子永远不能真正懂得孝敬父母、尊重老师、理解他人，更不会主动地帮助别人。我们常常利用各种节日教育孩子:给父母端次洗脚水、给老师做张贺卡、给同学一个拥抱、给敬老院的老人打扫卫生、给曾经帮助过我们的人说声感谢、给比自己更困难的人给予真诚的帮助。让学生知道感谢爱自己和帮助自己的人,真正体会爱与被爱同样愉快。

诺贝尔文学奖得主罗曼·罗兰曾说:活着各人有各人理想的乐园,有自己所乐于安享的世界,朝自己所乐于追求的方向去追求,就是你一生的道路,不必抱怨环境,也无须艳羡别人。积极乐观的心态需要长期不懈的学习,它就像一种熟练的技艺,手到自然心到,很快就会成为习惯。世上只有一种真正的英雄主义,那就是认清生活的真相后依然热爱生活。相信自己,用快乐的心去生活,一定能活出精彩而快乐的人生。

(本文获2014年江苏省现代特殊教育论文评比一等奖,收入本书时略有改动)

浅谈聋校体育教学中的几种诱导

“诱导”一词在语言学、物理学、生理学等领域有着广泛的应用。在体育教学中，诱导远远超出其作为一种练习方法所具有的原始内涵，它不仅是一种教学方法、教学思想，更是一种教学艺术的体现。不同形式、不同场合下的诱导，将使学生受益匪浅。

一、语言及手语诱导

语言及手语诱导即语言及手语的引导、劝诱、教导，是将要学习的技术动作通过形象、生动的语言及手语描述，激发聋生练习的欲望，使技术动作在聋生大脑中初步建立一个形象概念的过程。

1. 激发学生浓厚兴趣的诱导

中国古代思想家、教育家孔子主张“不愤不启，不悱不发”，就是说学生首先要有学习知识、掌握本领的主观愿望，教师才能予以启发。如何使学生有“愤”“悱”的内在要求，教师就应在教学方法上多做文章。在课的引入部分，如果能运用语言配合手语诱导达到此目的，教学就成功了一半。例如，在上第一次篮球课前，先观看一些篮球比赛，讲解乔丹漂亮的扣篮、神奇的妙传等情节，引导学生进入艺术欣赏的境界，那么学生跃跃欲试的感觉就会油然而生，学习兴趣就会越来越浓。

2. 掌握动作概念时的诱导

讲解动作概念实际上是一种语言诱导的过程。在这一过程中，首先要通过语言描述来增强学生的自信心。例如在高年级的跳高教学中,可先给学生一个计算公式:腿长＋弹跳力＝跳高成绩。然后让学生通过实际测量得出自己的理论跳高成绩。实践证明95％以上的学生,理论跳高成绩不仅超过了及格线,而且接近良好甚至是优秀。学生从心理上对跳高的恐惧消失了,在轻松愉快的心态下去学习、练习,竞赛成绩自然会明显提高。

总之,语言诱导要简明扼要、新颖有趣,掌握好运用的时机。

二、规范的动作诱导

为了掌握技术动作所采取的一系列过渡性练习叫诱导练习。利用诱导练习来掌握技术动作的过程叫动作诱导,它是在学习动作结构和肌肉用力顺序较复杂的动作时,引导刺激学生的本体感受,使学习者感知身体的空间位置、姿势以及身体各部位的运动。动作诱导适用于掌握有一定技术难度的动作的学习方法。

1. 示范动作诱导

讲解是对示范动作的说明,是对学习过程的诱导。示范是对讲解内容的直观体现,是对讲解动作的展示,是形象动作向具体动作转化的过程。示范结合讲解能够使学习者对动作的概念、方法做进一步的理解。因此,对示范动作的要求是:在准确的基础上,能给人以美的感受,同时,要面向全体,注意示范的时机、位置和示范的次数。

2. 相关动作诱导

相关动作是指与所学动作在结构、用力顺序等方面较相似的动作。相关动作的特点是难度小,易完成,是所学动作的过渡性练习,如跳高中的斜放横杆练习、初学铅球时的轻重量投掷等。此阶段练习应注意练习次数适当，掌握好运用的时机，要不断提出要求，提高难度，直到正确掌握动作。

3. 慢动作模仿诱导

慢动作的分解动作大多是简单的和学习者熟悉的。慢动作模仿适用于初学某一技术动作（包括教师的示范和学生的模仿）且该技术动作有一定难度，或学生协调性较差。如为了使走步式跳远更形象地示范于学生，可采用双手悬垂于单杠上，两腿做走步式分解示范。

4. 手把手诱导

在学习或纠正某些协调性较高的动作时，可以手把手地牵拉、引导，使学习者完成动作。如在队列练习中，正确的齐步走（第一步）应是左脚右手前迈（摆），但在初学或学生紧张时，一听到齐步走的口令便是同侧脚、臂前迈（摆），且一时难以纠正。此时如果能采用手把手地诱导练习，则在较短的时间内就能取得较好的效果。动作诱导特别适合于对学习协调性要求较高的动作，例如：舞蹈、韵律操、健美操等，运用时要少而精，并注意运用时机。

5. 多媒体的诱导

为了更准确地展示一些高难度的技术动作或适应较复杂的教学环境，教师可以运用微课、视频等多媒体课件等帮助学生理解。如篮球的扣篮、足球的凌空飞脚等一般教师很难完成的动作示范，但在出示时，一定要注意内容的科学性、出示的时机，注意反馈，以防喧宾夺主影响课堂效果。

三、同伴间的诱导

同伴间的诱导是指同伴在做练习中优美的动作对学习者潜移默化的影响、刺激，从而使学习者产生一种向上的、追求努力完成动作的欲望。它对培养学生不怕挫折、勇于挑战困难等良好品质有一定的促进作用。在练习中,学生掌握动作有快慢之别、优劣之分,这种差别就形成了同伴间的相互影响,即同伴间的诱导,这种诱导有利有弊,教师要善于把握,鼓励后进生不要气馁,继续努力;对于动作较好的学生,要不断提出要求,增加难度,防止骄傲自满。在动作练习一定时间后,要有意识地让动作较好的学生来做示范,这样不仅能增强本人自信心,同时也有利于激发动作较差的同学的练习,带动其完成动作。在运用中,要尽可能调动学生的积极性,鼓励学生大胆练习,同时要注意做好充分的准备活动,加强安全措施,按照教学规律办事,尽可能防止盲目蛮干,影响课堂效果。

(本文获2009年徐州市"科研杯"二等奖,收入本书时略有改动)

聋校“学讲计划”课堂改革中的几点谨防

“学进去，讲出来”的教学方式是近年来我市课堂教学改革的初步成果，是我市新一轮课程改革所采取的重要举措。学讲计划确立了学生学习的主体地位，促进了教师教学观念和教学行为的变化，给课堂教学带来了前所未有的活力和效益。全市教师都积极行动起来，在自己的课堂上实践着、探索着，作为从事特殊教育的教师当然也不甘落后。在一年多的理论学习、上课、听课、评课、反思中，笔者认为在聋校的“学讲计划”课改中要谨防以下几点。

一、借经验谨防水土不服

经验是通过实践得到的，检验经验的标准是实践，照搬经验只会失败，借鉴经验能让我们事半功倍，学习别人的经验关键是要吸收消化利用在自己的实践中。在本次的学讲课改中，许多学校根据本校的特点，总结出了很多好的经验，于是，我校常常派教师去参观、听课，学习别人的经验，回来在自己的课堂中实践。例如：在上学期我校开的学讲课中就出现了个别课堂方法雷同、效果不佳的现象。教师发给聋生一张导学案，让聋生通过自学、合作学去找出答案，结果，聋生很茫然。试想，低年级的聋生连词语都不会，问题都理解不了，怎么去自学？如何去合作交流？如何去展示？聋生的积极性、互动性很少，课堂的气氛很沉闷，教师百点不通、启而不发。这就告诉我们，面对一群特殊学生，借鉴经验时，一定要根据学生的实际情况，哪些可以借鉴，哪些必须加以改动，千万不要生搬硬套普通学校的经验，而要灵活借鉴和运用，逐渐使我们聋校的课堂有别样的精彩。

二、大容量谨防消化不良

课堂上只有为学生布置足够的学习任务，才会使他们兴趣盎然。但是，教师如果不能很好地驾驭课堂，不能把握教学内容的整体特征和内在联系，不了解学生的实际能力，而一味地追求大容量、快节奏，结果就是学生“消化不良”。一节课教师手舞足蹈、学生忙忙碌碌，看似学了很多内容，实际只是囫囵吞枣，不仅提高不了解决问题的能力，反而加重了课堂上学生学习的负担，使那些当堂接受不了的学生失去学习的兴趣和信心。如：笔者听的一节高中体育跨栏跑，一节课教师把需要 5 节课时间学习的整个跨栏跑技术都讲了，学生一会儿用竹竿练习，一会儿用垫子练习，一会儿用栏架练习，内容实在是多，方法实在是花。学生在老师的遥控下，如同机器人按照设定好的程序亦步亦趋地练习着，效果可想而知。

三、重合作谨防有型无效

学讲计划中的合作学习是课堂教学中的一种基本组织形式和学生重要的学习方式，但合作学习的成效如何呢？在聋校的课堂中，有分组、有合作、有责任分工、有小组自评、有社交技能的教授，但是，每个环节都发现了效率问题，有的分组就是 3～4 人坐到一起，没有什么真正的意义，形同虚设；有的华而不实，虽然课上安排了合作学习的环节，但有的教师只给学生很短的时间去交流就急于让学生回答，只是流于形式；有的分组了，各个组员的任务不明确，出现了优生更优，后进生被忽略的现象；小组自评，只说优点不深入谈论其不足。聋校的教师们在课改中一定要学会诊断自己的课堂，提高学生的合作效率，在合作学习中运用最佳的分组、最佳的时间、最佳的方法在最短时间内达到最高的学习效率。

四、扬个性谨防内隐文化

所谓的内隐文化就是所有成员所表现出来的做事方式和处事态度。这种做事方式和处事态度无时不在影响着他人的生活和成长，并对他人的发展空间产生着潜移默化的影响作用。在学讲课改中，不同性格特点、不同兴趣爱好、不同学习习惯的学生被分在一个小组合作学习，每一个学生的个性中都有好的一面，也有差的一面，为了不使负能量影响别人，教师不仅要关注个性张扬的学生，更要关注内向的学生，不仅要关注学习习惯好的学生，更要关注后进生，使他们在小组中形成良性互补，把每个学生独特的个性最大化地发挥出来，把学生个人优秀的一面展现出来，让每个学生都能在小组中找到自己的最佳位置,在最好的心境和可能拥有的最好环境条件下,发挥出自己最大的正能量。

五、求转换谨防习惯定势

教师讲学生听,教师问学生答,教师做学生看,这种讲学课堂已经牢牢地扎根在部分教师的课堂,许多教师已经形成了自己的思维定式,他们对新鲜的东西不敢去尝试,怕失败,遇到阻力会变得更加小心,甚至是胆怯,严重阻碍了课改的实施。还有部分教师自以为是,缺乏激情,要想使他们从讲学式的课堂中转换到学讲课堂中来,需要一部分课改先锋的引领。

作为学讲的实施者,一定要具备实施学讲计划的理论基础和专业能力;要主动把实施学讲计划视为己任,看成是对自己的一种挑战;要掌握一定的实施策略,设计学讲课堂,驾驭学讲课堂。我们只要抱着持之以恒的态度,从自身的认识着手,勇于尝试、勇于反思、乐于改正,有着不出成果誓不罢休的坚定信念,一定会在学讲计划中出类拔萃,做出优异的成绩,使学生受益,使自己受益。

(本文获 2017 年徐州市"科研杯"一等奖,收入本书时略有改动)

特殊教育学校全员运动会的创新与设想

习近平总书记在党的十九大报告中提出优先发展教育。如何办好特殊教育、努力让每个残疾孩子都能享有公平而有质量的教育，如何解决残疾学生的体育诉求和需要、保障残疾学生的体育权利、让每一个残疾学生都能享有公平而有质量的教育，成了一线特教教师亟待思考的问题，教育的公平问题牵扯到方方面面。本文仅从特殊教育学校运动会改革与创新入手，从强者优先的原则到弱者优先的原则的改变，努力使每一位学生都有机会参与进来，公平地参与到运动会中来发挥自己的作用，充分享受一年一度的体育运动盛会所带来的快乐。

一、特殊教育学校运动会现状

据调查我市 12 所特殊教育学校，学生残疾类别有聋、盲、智障，各校运动会现状一般是每年至少举行一次校运动会，偶尔有每年两次的，内容多以田径 100 米、200 米及跳高、跳远等竞技项目为主，有时穿插几个集体项目；参加人数每班限报几人，每人限报几项；裁判多以教师为主，只给前几名颁奖。这些单一的项目，人数的限制，往往让强者更强、弱者更弱，无形中挫伤了大部分学生锻炼身体的积极性。

二、特殊教育学校运动会改革与创新的意义

学校运动会应该有别于竞技比赛，它的开展不仅是为了发现和培养残奥会后备人才，更多的是面向全体学生，使学生全面发展，应以培养学生良好的意志品质、团队精神、合作精神为主要任务。《聋校义务教育体育与健康课程标准》强调关注每一个残疾学生的体育诉求和需要，保障每一个残疾学生的体育权利，提高他们的社会适应能力已成为当前特殊教育中体育教育的重要任务。特殊教育学校运动会的改革与创新能进一步贯彻全国教育工作会议精神，全面推进特殊教育学校学生的素质教育的开展，丰富体育课和课外锻炼内容，大力提高学生体质健康水平和发掘培养体育后备人才。

落实《中共中央国务院关于深化教育改革，全面推进素质教育的决定》及《聋校义务教育体育与健康课程标准》等文件精神，通过运动会项目改革、组织方式等的改革和创新能有效落实残疾学生每天 1 小时的课外体育活动，充分调动学生参加体育活动的积极性、主动性，达到强身健体的功效，为他们将来更好地走上社会，融入社会，养成终身体育意识和能力打下坚实的基础。通过运动会的改革与创新，引导学校将传统的体育器材和趣味体育器材相结合，从而，拓展学校教育教学新思路，促进学校体育可持续发展。

通过校运动会的改革和创新开展理论和实践研究，也能不断提高体育教师队伍的教学能力、科研能力、创新意识和创新精神，以及培养学生的创新精神和社会实践能力。

三、特殊教育学校运动会改革与创新的设想

一年一度的特殊教育学校运动会是检验学生各项素质的机会，也是激发学生各种兴趣、培养各种能力的机会，为了能满足每一个残疾学生的体育诉求和需要，保障每一个残疾学生的体育权利，面

向全体学生，使每个学生都能在活动中受益，设想从下列几方面加以改革和创新。

（一）竞赛项目的改革与创新

特殊教育学校学生的聋、盲、智障等类别较多，相对集中，每年一次校运动会是必不可少的，校运动会竞赛项目的设置就应该根据各残疾类学生的实际设计不同的竞赛项目，把以往校运动会单一的田赛和竞赛项目改成趣味性强的运动项目。如："多足行""划旱船""同心圆"等这类趣味性较强、需要合作完成的项目，较为适合聋、盲、智障的学生。身体素质好或差的学生参加都能锻炼他们的合作精神和交往能力，都能享受到活动的快乐。详见表1。

表1　新旧项目设想

传统项目	原参加人数	创新项目	现参加人数
100米 200米	每班2～4人	接力跑、抱球跑	每班至少6～10名
800米 1500米	每班2～4人	校园寻宝、定向跑	全班参与
跳高 跳远	每班1～2人	撑杆过河、十字跳	每班至少6～10名
铅球 垒球	每班1～2人	投飞镖、打击九宫格	每班至少6～10名
创新的理由	根据不同残疾类别设置创新性、趣味性项目，增加了参与的人数，不仅能锻炼学生的速度、耐力、力量等身体素质，而且能激发学生的运动兴趣，培养学生的自信心、坚强的意志品质、良好的体育道德、合作精神与公平竞争的意识，帮助残疾学生掌握与人沟通和交往的方法等		

这些新项目的设置,大大提高了学生的参与率,培养了运动兴趣,既能锻炼速度、耐力、力量等身体素质,又能培养学生的综合能力。

(二)竞赛器材的改革与创新

竞技田径比赛器材,不够美观,没有吸引力,不太适合少年儿童。而趣味田径器材灵活多变,能激发学生想象、发散学生的思维,在教学比赛中,趣味田径器材能充分调动学生学习的积极性。在即将组织的校田径运动会中,打算运用趣味田径器材如:软式篮架、软式接力棒、十字跳垫、软式撑杆及适合残疾学生的起跑发令组合器等软式体育器材,能使最多的残疾学生参与到运动会中来,享受公平锻炼和运动的快乐。

(三)竞赛方式的改革与创新

以往校运动会的参与方式是每班限报几人,男生几人女生几人,以及每人限报几项。这种限制,使每个班级中每年都是这几位跑得快的、跳得远的、力量大的小部分学生成了运动会的主角,大部分学生成了外人,成了看客。即使有的学生想参加,由于奖项的设置,班主任怕影响班级名次,成绩好的同学讽刺他们"相对"弱,大大打击了大多数学生参与运动会的热情。

如果教师把参与方式加以修改,如:聋生班级,人人参与,可以担任志愿者、裁判员、运动员、商业宣传员、小医生等角色,根据学生的兴趣和特长选择任务,甚至班级里个别多重残疾的学生也可以做些力所能及的工作,每个学生都是班级里不可或缺的一分子,都能各尽其职,各显其能。又如:给盲学生、脑瘫的学生设计亲子游戏,让家长带领其进行"双龙戏珠""两人三足"等游戏比赛。让家长参与进来,学生不仅能在活动中享受运动的快乐、竞争的刺激、成功的喜悦,也能使家长掌握运动康复的方法,培养亲子关系,更有效地进行学校、社会、家庭的"三结合"教育。

（四）竞赛评价的改革与创新

以往的校运动会大都是根据报名人数录取前6名，不足6人者录取前3名。比赛有前几名就有后几名，前几名得意，后几名失意甚至放弃，为了改变这一现状，在评价方法上做做工作很有必要。如：利用加分制、均分制、分层计分法等都是鼓励残疾学生积极参与运动会较有效的方法。

所谓加分制，如：长跑计分，50名学生参加比赛，第一名50分，第二名49分，最后一名1分，在这种计分下，每位学生为了能多得一分都会竭尽全力。而以往的计分录取前几名时，后边的学生一看没有了希望，就泄气了甚至跑不到终点就放弃了。加分制计分比较适合特殊教育学校运动会的计分。

所谓均分制，在跳远、投掷比赛中，取班级中参与人数的均分，这样，班级中每个学生都会认真对待每一次机会，为不给班级拖后腿，就会竭尽全力完成每一次跳、投，充分发挥自己在小组中的作用。各种残疾类学生比赛都能使用这种计分方法。

分层计分法，这种鼓励方法根据学生的残疾程度设置几个层次，例如：1分钟跳绳，聋生180次为优秀，盲生150次为优秀，脑瘫生50次就是优秀，也许那些多重残疾的学生绳子能从脚下绕过一圈就是优秀，都能同样得到奖励。

另外，过关法、关门法都是评价的好方法，在特殊教育的比赛中如能适时使用都能起到很好的激励作用。通过多种评价，激发残疾学生参与运动的兴趣，培养他们的合作精神和凝聚力，也为培养残疾学生正确对待成功与失败，养成良好的竞争心态奠定了基础。

（五）竞赛开幕式的改革与创新

以往运动会的开幕式一般都是国旗队、彩旗队、花环队、班级代表队等依次入场，领导、代表讲话，带有一定的程序性。如果把校运动会模拟成“动物王国”，运动会上学生戴着老虎、狮子、大象等头饰的代表队，跳着、飞着经过主席台，自主展示各自的创意，尽情释放作为孩子的天性，其本身就是一种心灵的放空，压力的释放。还可模拟体验全运会、世界锦标赛等大型活动入场，别有一番情调。

（六）竞赛组织方法的改革与创新

以往校运动会的组织都是教师全面负责，事无巨细。偶尔各个裁判组选 2 名学生帮助跑跑小表、拉拉皮尺、捡捡球等工作，都是教师安排做什么就做什么，从不超越权限。老师也总是担心学生组织不好，会出错，不敢放手让他们做，总是担心太多、限制太多，对学生的组织能力，领导能力、沟通能力、责任意识、合作意识的培养与锻炼不利。只有放手让学生们尝试各种工作，如：小裁判、小记者、小护士、小老板、小志愿者等工作，让他们在活动中通过体验，积累经验，不断地去试误，才能更好地锻炼他们的综合能力。

如：商业广告的宣传，各班可以根据自己将来想从事什么职业来设计商品海报。将来想从事糕点制作、香包加工、汽车修理、餐饮等行业的同学，经过商讨，美术好的同学绘制海报、宣传画等，不断学习如何推荐自己，推销自己的产品，以改过去一条横幅挂几年的老旧宣传,而变成具有时代性质的推广与宣传。

小记者可由学生担当,挂上记者证,拍照采访、记录、写稿。救护组学生在医护人员的帮助下,穿上白大褂,背着医药箱,还真是有模有样的小医生。另有一些学生担当志愿者,在学生会主席的安排下他们各尽其职,布置场地,搬运器材等。这些创新工作要想顺利完成,教师们在平时的教育教学中就要有意识地去培养,不断通过组织单项活动,逐渐锻炼他们的能力。

总之,这样的特殊教育学校运动会才是保障残疾学生们的体育权利,激发他们的运动兴趣,发展他们的体能,培养他们的合作精神、交往能力,促进他们身心健康、和谐发展的盛会,他们每个角色的扮演,将使他们终生难忘。他们每一次不同角色的体验,将是他们一生的财富,会为他们终身体育和健康生活奠定良好的基础,为他们更好地融入社会发挥重要作用。

(本文获 2017 年江苏省现代特殊教育论文二等奖)

运用普校标准测试　促进聋生健康发展

——徐州地区聋生身高、体重测试与分析

一、问题的提出

《国家学生体质健康标准》(以下简称《标准》),是测量学生体质健康状况和锻炼效果的评价标准,是国家对不同年龄段学生体质健康方面的基本要求,是学生体质健康的个体评价标准。我国从2007年开始针对正常学生实施《标准》已有十多年,但是在《标准》中并没有涉及针对残疾学生体质健康测试与评价的部分。近年来,我国青少年学生体质健康水平持续下降,已经引起了国家和社会的高度关注,聋生作为青少年的一部分,身体健康状况如何呢?

身高、体重是《标准》的必测项目,体重指数简称BMI指数,是用体重(千克)除以身高(米)的平方得出的数据,是目前国际上常用的衡量人体胖瘦程度以及是否健康的一个标准,是评价人体形态发育水平和营养状况及身体匀称度的重要指标。测量身高、体重对于掌握自己的体重是否超标、是否需要调整饮食及加强运动具有重要的意义。

本文借鉴《标准》中的相关指标,试图通过测试对比,在调查徐州地区部分特殊教育学校的聋生身高、体重现状的基础上,对徐州

地区聋哑学生身高、体重进行分析。

二、研究对象与方法

1. 研究对象

本文对徐州市特教学校 8～12 岁聋生及 4 所普通小学(马坡小学属农村小学;英才小学,属城乡接壤学校;新区实小,属区较好的实验学校;解放路小学,为徐州市区示范学校)学生为研究样本,以身高、体重为测量指标,对聋生体质健康状况进行对比研究。

2. 研究时间

2015 年 9 月至 2018 年 12 月,电话咨询和走访特教学校及普通学校,收集样本学生身高、体重均值,将聋校与普校数据进行统计并分析对比,运用教育学、心理学、保健学、运动学等知识进行理论研究。

三、研究对比与分析

1. 2007—2009 年 8～12 岁聋生身高均值分析(见图 1)

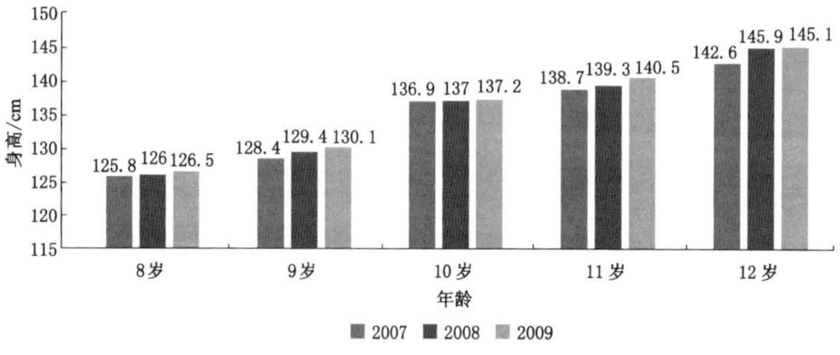

图 1　2007—2009 年 8～12 岁聋生身高均值

从图 1 可以看出,2007—2009 年 8～12 岁聋生的身高均值每年都呈上升趋势,各年龄段生长无明显差异,基本符合规律。由于 12 岁样本选择偏少,出现了一点差异。

2．2007—2009 年 8～12 岁聋生体重均值分析(见图 2)

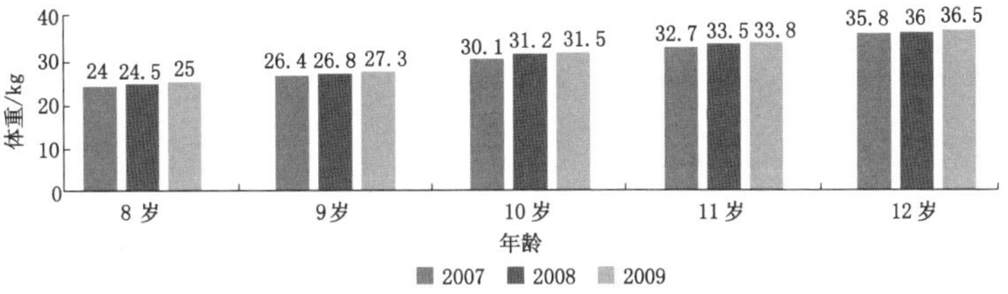

图 2　2007—2009 年 8～12 岁聋生体重均值

从图 2 可以看出，2007—2009 年 8～12 岁聋生的体重均值每年都呈上升趋势。由于样本聋生的入学年龄的参差不齐，而《标准》是根据年级段制定的，有可能造成误差。

3．2009 年聋校与普校 8～12 岁学生身高与体重均值分析(见图 3、图 4)

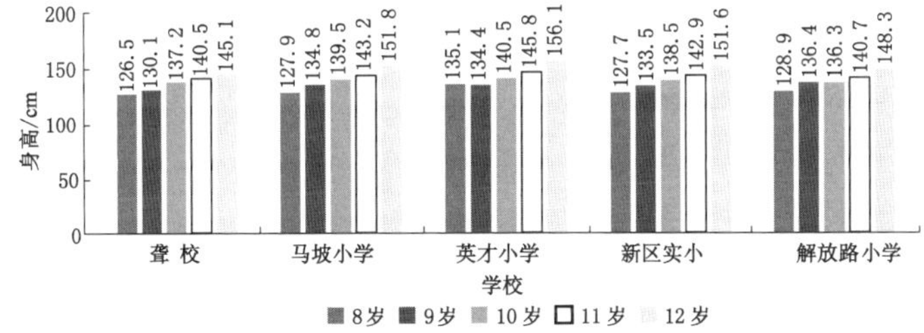

图 3　2009 年聋校与普校 8～12 岁学生身高均值

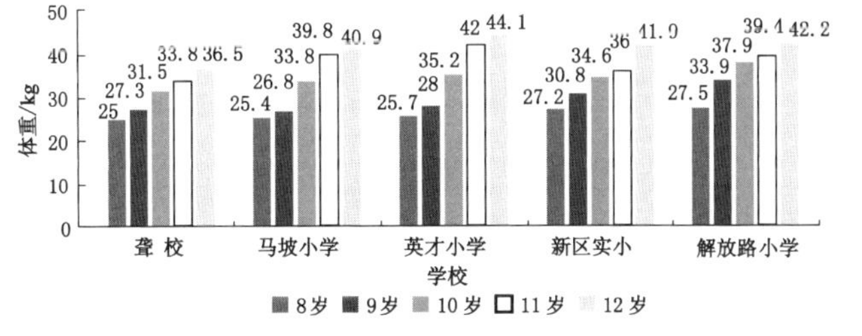

图 4　2009 年聋校与普校 8～12 岁学生体重均值

通过图 3、图 4 可以看出，无论是来自生活条件较优越的市区普通小学，还是来自偏远的普通小学，普校学生的身高、体重均明显高于聋校学生。

4. 2018年聋校与普校学生身高与体重均值分析（见图5、图6）

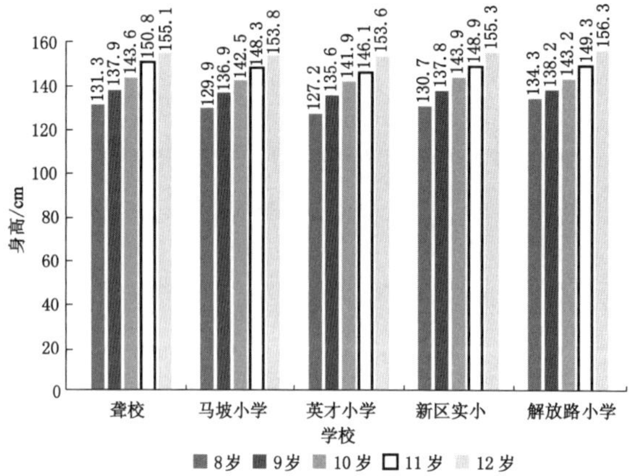

图5　2018年聋校与普校学生身高均值

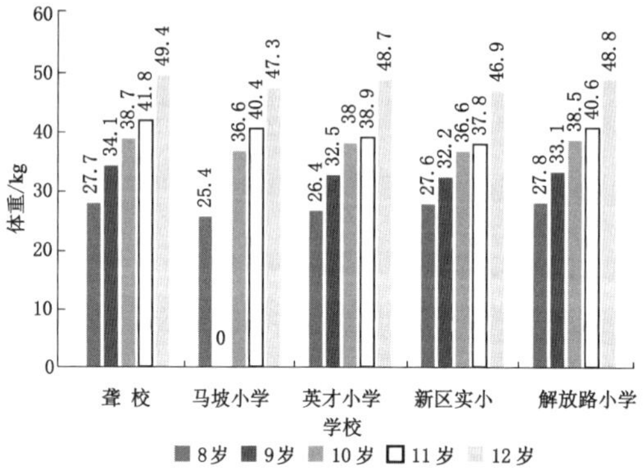

图6　2018年聋校与普校学生体重均值

从图5、图6可以看出，无论是来自市区的普通小学还是来自偏远的农村普通小学，其学生和聋校学生相比，身高、体重差距很小，并且有些年龄段聋生的身高、体重略高于普校学生。这说明2009—2018年的十年来，聋生的健康状况显著改善。而且测试样本中，根据身高和体重比重值对比，92.5%的聋生处在正常值范围，超重率为7.5%，肥胖率为5.8%，2016年世界卫生组织报告显示，中国青少年超重率为9.6%，肥胖率为6.4%，聋生的指标明显优于该报告的指标。

四、讨论与分析

截至2018年，聋生的身高、体重和普通学生并无太大差异，说明随着全民健康意识的增强，教育重视程度的提高，社会、学校、家庭三结合教育的加强，聋生的身体健康越来越被重视，具体有以下几个方面的原因。

1. 医疗条件的改善

2009年时调查发现，90%以上的聋生家庭会带着聋生到全国各地寻医问药，聋生大都经历了无数次的吃药、打针。一方面药物对孩子生长有一定的副作用，另一方面，孩子被长期的吃药、打针吓怕了，间接影响了聋生的身体发育。2018年调查发现，由于医疗条件的提高，家长文化程度的提升，聋生家长对孩子的疾病情况能够理性对待，孩子接受了正规治疗，许多孩子从小就佩戴了助听器或人工耳蜗，孩子的身体基本能正常发育。

2. 心理方面的改善

2009年时调查发现，很多聋生从8岁就离开父母，常年寄宿在校（如果接受语言康复，入学年龄更小），很多学生因过分思念父母，又不能用语言与父母、亲人沟通，长期处于不愉快的状态，造成心理受压抑，影响了生长发育，最可见的体征就是抑制了身高与体重的增长。随着社会的进步，在政府、社区、互联网等的宣传发动下社会各界人士对残疾人越来越包容，能以正确的心态去看待弱势群体。加之国家对残疾人帮扶政策的出台，聋生的家庭条件逐年改善，年龄小的聋生就读大多有家人陪读，寄宿在校的学生可以每周回家一次，父母能通过手机与孩子视频沟通，消除了孩子的思念之苦，有利于聋生正常发育。

3．学校条件的改善

聋校教师的师德师风逐渐提升，有爱心、乐奉献、善思考、肯钻研的教师越来越多，为聋生的健康成长奠定了基础。学校伙食越来越好，提供免费的午餐，请了专门的营养师，伙食注意荤素搭配，合理膳食；社会爱心人士越来越多，经常送来牛奶等营养品。学校开足开齐了体育课，确保学生每天锻炼一小时；体育社团活动丰富多彩，满足了学生的锻炼需求；每月都举行花样繁多的体育比赛，使全体学生参与到体育竞赛中，培养了学生的自信，提高了学生的能力，也享受到了体育运动所带来的快乐。这些都是学生能快乐成长的基石。

五、结论与建议

1．结论

课题组通过多年运用《标准》对聋生进行测试，发现《标准》可以作为聋生测试的依据，但是，聋生入学的年龄相对较大，可在《标准》的基础上把按年级评分改为按年龄评分。通过数据测试对比研究发现，2018 年徐州地区 8～12 岁聋生的身高、体重指标比 2009 年偏低于普通学生发展为接近普通学生，这是多方合力的结果，是可喜的现象，是我们期盼已久的结果。

2．建议

建议家长发现孩子耳聋时要正确面对，及时到正规医院就医，适时佩戴人工耳蜗，建议有关部门加强对聋生进行《标准》测试及上报工作，通过对聋生进行心肺功能、速度、耐力、灵敏等多方面测试，可使家长、教师及学生自己了解健康情况，进行有针对性的锻炼，为终身体育奠定基础。

学校要实施个别化教育。学校要建立心理辅导室，对有咨询需要的学生要建立档案，并对每一个聋生进行跟踪调查研究，切实抓好聋生的心理疏导，发现问题及时解决，对有特异体质的学生实施个别化教学，及时分析聋生的生长发育情况，及时反馈给聋生家长，提醒家长关注孩子的发育及健康情况，使家长能在思想、饮食、锻炼等方面积极引导。

学校要经常组织营养卫生讲座，引导聋生养成合理膳食的良好习惯。引导聋生进行科学锻炼，使聋生切实掌握1～2项体育技能，激发运动兴趣，掌握科学健身的方法，从而养成自觉锻炼身体的良好习惯。

对长期在外打工的家长，学校规定家长定时与孩子进行视频沟通，做做思想工作、交流学校情况，家长要及时邮寄生活必需品等，使家长养成主动配合教育的习惯。

（本文发表于2019年12期《科学大众》，收入本书时略有改动）

徐州市特殊教育学校初高中阶段 2017—2019 年聋生体质健康标准测试结果研究

一、研究目的

《中国儿童青少年营养与健康报告 2016》中指出:从 1985 年到 2014 年 30 年间,我国学生肥胖检出率呈现快速增长趋势,视力不良检出率居高不下,青少年心肺功能低下。而聋生现状如何,我们不得而知。基于以上原因,徐州市特殊教育学校努力在聋生体育教学中通过各种方法、手段,降低聋生肥胖率、近视率,促进青少年心肺功能健康发展。

《国家学生体质健康标准》(以下简称《标准》)是国家对学生体质健康方面的基本要求,适用于全日制小学、初中、普通高中、中等职业学校和普通高等学校的在校学生。在特殊教育中,残疾学生的体育诉求和需要及体育权利被高度关注,残疾人群体的体质健康监测不容忽视。同时,为了贯彻落实《国务院办公厅关于强化学校体育 促进学生身心健康全面发展的意见》(国办发〔2016〕27 号)和《江苏省学生体质健康促进条例》等文件精神,特进行此研究。

二、研究对象与方法

（一）研究对象

本研究选取徐州市特殊教育学校初高中阶段聋生为研究对象。2017 年共有学生 107 人，参与测试学生 102 人；2018 年共有学生 128 人，参与测试学生 126 人；2019 年共有学生 145 人，参与测试学生 143 人。个别多重残疾的学生没有强行进行测试。

（二）研究方法

1. 行动研究法

根据普校学生《标准》测试内容对徐州市特殊教育学校初高中阶段聋生进行测试，主要采用集体测试及个别测试相结合的方法。

2. 数理统计分析法

对徐州市特殊教育学校初高中阶段聋生 2017—2019 年的测试成绩进行统计，并与普校学生的测试成绩进行对比分析，找出聋生的优势和差距。

三、研究结果与分析

（一）研究结果

1. 2017—2019 年初高中阶段聋生体质健康测试成绩统计

3 年来徐州市特教学校依据普校《标准》对初高中阶段聋生进行测试，测试内容与普通中学生测试内容完全相同，测试成绩如表 1。

表 1　2017—2019 年初高中阶段聋生体质健康测试成绩统计

年份	参加人数	优秀	良好	及格	不及格	及格情况
2017 年	102 人	6 人，5.88％	24 人，23.53％	69 人，67.65％	3 人，2.94％	99 人，97.06％

表 1(续)

年份	参加人数	优秀	良好	及格	不及格	及格情况
2018 年	126 人	11 人，8.73%	29 人，23.01%	81 人，64.29%	5 人，3.97%	121 人，96.03%
2019 年	143 人	8 人，5.59%	28 人，19.58%	86 人，60.14%	11 人，7.69%	122 人，85.31%

通过测试并对比《标准》认真分析，3 年来初高中阶段聋生各项成绩没有明显的变化，及格率和良好率与普通中学生不相上下。个别项目的成绩有明显下降，主要原因在于，近年来，特校对测试工作更加严格，但是并不影响普校《标准》基本符合聋生使用的这一原则。

2. 2018 年徐州市普通初高中学生与徐州市特殊教育学校初高中阶段聋生单项评价分析

为了更有力地说明普校《标准》适于聋生的测试，笔者对 2018 年徐州市学生体质健康监测结果报告与徐州市特殊教育学校初高中阶段聋生测试项目对比分析，结果如表 2。

表 2　2018 年徐州市普通中学初高中学生与特殊教育学校初高中阶段聋生单项测试成绩统计

项目	学段	优秀率	良好及以上率	及格及以上率	不及格率
肺活量	普通初中	17.65%	38.05%	92.63%	7.37%
	特教学校初中	34.09%	59.09%	97.73%	2.27%
	普通高中	14.47%	34.64%	89.83%	10.17%
	特教学校高中	6.35%	23.80%	93.65%	6.35%

表 2(续)

项目	学段	优秀率	良好及以上率	及格及以上率	不及格率
50米跑	普通初中	14.7%	26.84%	91.02%	8.98%
	特教学校初中	34.09%	47.73%	100%	0
	普通高中	14.47%	27.13%	94.77%	5.23%
	特教学校高中	27.00%	44.44%	98.41%	1.59%
立定跳远	普通初中	10.94%	30.52%	81.35%	18.65%
	特教学校初中	22.73%	40.91%	88.64%	11.36%
	普通高中	9.79%	32.36%	90.80%	9.20%
	特教学校高中	7.94%	25.4%	88.89%	11.11%
坐位体前屈	普通初中	18.14%	34.59%	87.07%	12.93%
	特教学校初中	22.73%	50.00%	95.45%	4.55%
	普通高中	15.19%	30.42%	85.57%	14.43%
	特教学校高中	11.11%	22.22%	92.06%	7.94%
女生800米跑	普通初中	10.16%	22.44%	72.24%	27.76%
	特教学校初中	19.05%	42.86%	95.24%	4.76%
	普通高中	3.71%	14.85%	73.25%	26.75%
	特教学校高中	7.69%	11.54%	96.15%	3.85%
男生1000米跑	普通初中	10.87%	22.84%	61.58%	38.42%
	特教学校初中	34.78%	56.52%	100%	0
	普通高中	2.87%	11.31%	67.76%	32.24%
	特教学校高中	5.41%	18.92%	89.19%	10.81%
1分钟仰卧起坐	普通初中	0.30%	1.61%	68.04%	31.96%
	特教学校初中	4.76%	9.52%	66.67%	33.33%
	普通高中	0.08%	0.93%	66.84%	33.16%
	特教学校高中	0	0	73.08%	26.92%

表 2(续)

项目	学段	优秀率	良好及以上率	及格及以上率	不及格率
男生引体向上	普通初中	2.73%	5.98%	24.32%	75.68%
	特教学校初中	13.04%	21.74%	43.48%	56.52%
	普通高中	1.27%	2.95%	14.85%	85.15%
	特教学校高中	13.51%	27.03%	59.46%	40.54 %

注:本表数据来源于徐州市教育局印发的《徐州市学生体质健康蓝皮书——2018 年徐州市学生体质健康监测结果报告》。普通初高中抽测样要求:凡心、肝、脾、肾等主要脏器有病者,身体残缺、畸形者,急性病患者或一月内患过高烧、腹泻等急性病、体力尚未恢复者及处于月经期间等女生均不得参加素质项目测试。徐州市特殊教育学校在测试中强调,凡有心脏病和癫痫病者不参加,其余同学均可自愿参加。测试中,肢体上有中度障碍的学生参与了测试,临时生病体力没有恢复和月经期女生另外自选时间进行了测试。同时,特殊教育学校的学生如果对自己的成绩不满意,允许他们可以多次申请补考,这可能是测试中唯一的优势。

根据表 2 的数据分析,特教学校初中阶段聋生的肺活量、50 米跑、立定跳远、坐位体前屈、1 分钟仰卧起坐、女生 800 米跑、男生 1 000 米跑等项目的优秀率、良好率、及格率远远高于普通初中生;特教学校高中阶段聋生 50 米跑、女生 800 米跑、男生 1 000 米跑、男生引体向上等优秀率、良好率、及格率也均高于普通高中生。特教学校高中阶段聋生的肺活量、坐位体前屈、1 分钟仰卧起坐虽然优秀率、良好率略低于普通高中生,及格率却远远高于普通高中生;特教学校高中阶段聋生立定跳远的优秀率、良好率、及格率略低于普通高中生。

四、讨论与建议

(一)讨论

1. 创新校本课程,开发出适合特殊学生使用的校本课程,为学生体质健康水平的提升保驾护航

《国务院关于基础教育改革与发展的决定》和《基础教育课程改

革纲要》明确提出,为保障和促进课程对不同地区、学校和学生的要求,要实行国家、地方和学校三级课程管理。在保证实施国家课程的基础上,鼓励地方开发适应本地区的地方课程,学校可开发或选用适合本校特点的课程。

徐州市特殊教育学校为了提升学生体质,开发了“视觉障碍人网球”“花样跳绳”等体育校本课程,打造了体育精品校本课程,组建了足球、篮球、棒垒球、舞蹈等体育社团,每个学生都选择了1～2个自己喜欢的运动项目,大大调动了学生参与体育活动的积极性和主动性,有效地提高了学生的身体素质。为了开发出更多的校本课程,学校鼓励、支持任课教师根据自己所带学科创设校本课程,层层推进,环环相扣。

2. 创新体育课堂,运用多种方法、多种渠道提升体育课堂的吸引力

课堂是体育教学、体育锻炼的主阵地,教师一定要立足课堂这个主阵地,组织好学生进行适当的体育锻炼。首先,体育教师要有创新意识,有意识地把自己的课堂营造得多彩、民主、有趣。第二,体育教师要不断创新教学内容和方法,使枯燥的内容趣味化、灵活化。如在耐久跑训练中,教师利用计时跑关门法、结对法、自设图形趣味跑、自然环境跑、各种游戏的追逐跑等多种形式使枯燥变有趣,逐渐提升学生的耐久跑能力。第三,课堂教学环境从单一到多元。例如,在教授原地传接球时,尽量把单一的内容融入复杂的比赛环境中。因为比赛中有对手的防守、有复杂的对抗,环境复杂,形式多变,更有利于学生学以致用、活学活用。

3. 创新体育比赛,设置适合人人参与的项目,鼓励更多的学生参与比赛

徐州市特殊教育学校每年都组织丰富多彩的体育比赛,如春秋季运动会、班级足球联赛、贴名牌、多足行、各种花样跳绳、拔河、排

舞大赛等等。学校秉承“人人参与、健康成长”这一原则，每一次体育竞赛都尽量把以前的“精英赛”变为“普惠赛”。如每年的全校性运动会，不仅设置了竞争激烈的百米大战，还设置了许多集体项目和有趣的游戏项目等，连生病请假的学生也给其安排小记者、小宣传员、小裁判员等工作，使每个学生都能树立主人翁的意识，把运动会办成学生集体的嘉年华，不再仅仅是极少数人的比赛。再如各种跳绳赛也是全员参与、1 分钟速度赛、两人一组的车轮赛、多人合作的协同赛、各班各部间的擂主挑战赛及接龙赛等等。

4. 创新家校合作，争取家长的配合，共同促进学生身体素质的提高

学校、家庭、社会三结合教育是最科学的教育方式。学生身体素质的提升，家庭的配合很重要，徐州市特殊教育学校每年的体质测试成绩单一定会让家长认真阅读并签字，使家长明确自己的孩子在哪些方面需要加强锻炼，哪些方面需要积极配合。学校经常通过微信群、QQ 群、微课程等发送锻炼小窍门，让家长配合学生完成家庭作业；教师在布置家庭体育作业时，常常要求利用家居用品，如椅子、桌子、空瓶子等进行柔韧练习、力量练习、灵敏练习，还常常布置一些家庭亲子游戏，不仅使学生的身体素质得到锻炼，也培养了亲子关系，增进家庭的和谐。

（二）建议

1. 可在普校《标准》的基础上，根据聋生的个体差异，灵活进行测试

根据几年来试用普校《标准》测试聋生的研究，建议将评分表稍微调整。由于聋生入学年龄差异较大，同一个班级学生的年龄可悬殊 3～5 岁，因此，用年级划分学生误差较大，可把年级改为年龄。

2. 学校可利用智慧校园组织智慧运动，提升学生锻炼兴趣

智慧校园指的是以物联网为基础的智慧化的校园工作、学习和生活一体化环境，以各种应用服务系统为载体，将教学科研、管理和校园生活进行充分融合。

如果把体育锻炼植入智慧校园软件，让聋生通过刷码进入，寻找适合的运动处方，掌握运动量和强度，了解自己的锻炼效果，如走多少步数、消耗多少热量、燃烧多少脂肪等，将会大大提升学生的运动兴趣，更好地促进学生的身体素质提升和体育品质的形成。

3. 动员社会人士、家长积极参与学生的体育活动

学校可动员社会人士、家长参与到聋生的体育活动中，共同提高学生的身体素质，使学生的身体、心理及社会适应能力均衡发展。

学生的身体健康不仅仅需要家长的支持、配合，聋生是社会成员，不是独立的个体，为了培养他们的社会适应能力，可以经常让他们参与一些社会群众体育活动、体育竞赛，学校可以动员社会人士、家长提供助学和助教活动。

4. 学校领导、体育教师应加强责任意识和使命担当

学校是学生学习、锻炼的主阵地，校长、教师如果像对待学生的文化课成绩一样重视学生的身体健康，那么学生的健康问题、心肺功能下降问题等就会迎刃而解。特别是体育教师，应把学生的体质健康问题作为体育工作的门面，认真落实上级文件精神，把提升学生的身体素质当作使命去完成，把《标准》测试工作保质保量地进行，学生的体质健康问题和测试工作就一定能交上一张满意的答卷。

5. 全国特殊教育学校应如实上报《标准》测试情况

全国特殊教育聋生都应依据普校《标准》进行如实测试和上报，并可根据各项目实际及时运用灵活的测试方法进行测试。教师要有进行特教学生测试方面的研究意识，逐渐使特殊教育学校的体测

更科学、更完善。

作为体育教育工作者，如果都能树立正确的体育观、价值观，立足体育课堂，真抓实干、各尽所能、各司其职，学生的体质健康水平一定会逐渐提高，学校体育工作一定能完成党和人民赋予的使命和担当。

（本文获2020年徐州市“科研杯”一等奖，收入本书时略有改动）

特奥运动教练队伍现状分析及培养初探

特殊奥林匹克运动，简称特奥运动。特奥运动为智障人群参与奥林匹克体育训练及竞赛创造了条件和机会，使他们发挥潜能、勇敢表现，在参与中分享快乐、交流技艺、增进友谊。本文从特奥运动教练员现状分析着笔，从理念的更新、目标的引领、内容的取舍、方式的选择等方面，简要阐述培养一支素质优良、结构合理、相对稳定的特奥运动教练员队伍的几点想法。

一、我国特奥运动教练员现状及分析

（一）特奥运动教练员专业严重滞后

在我国，教练员的培养教育是由国家体育总局教练员培训领导小组负责，统一规划统筹管理，各单项运动协会和各省、市体育局按照全国统一的培训大纲负责对教练员进行培养教育，综合培养一支从大众到精英的各层次所需要的高质量的教练员队伍。而我国的特奥运动教练员队伍情况如何？特奥运动的国家级教练暂不讲，因为他们大都从事过正常人的教练工作，有诸多的训练经验。单说基层启蒙教练，他们大都是来自一线的体育教师，特殊体育专业的极少，绝大多数没有接受过系统的特殊体育教育专业培训。例如，笔者工作 20 年来，虽然参加过不少普通的体育教师、教练员培训,但是相关的特殊教育体育培训仅有一次。所以,在对特奥队员的训练中这些教练大部分都是“摸着石头过河”,一边学习一边训练,这在一定程度上制约了对特奥运动训练水平的提高。甚至有的教练因缺乏交流、培训,长期“孤芳自赏”,自身素质不但没有提高,反而思维、语言、意识等均有所退化;长期“不走出去”培训、也“不请进来”学习,造成特奥运动教练员专业水平严重滞后。

(二)基层培智学校体育训练现状堪忧

在我国,大部分特奥运动员的选拔都来自各省、市培智学校,全国各培智学校场地、器材和经费的投入不均衡,有的偏远地区特别是私立培智学校,租几间民房就开始办学,根本没有体育活动场地,更不用说特奥运动训练。体育器材短缺,种类单一,数量偏少,特别是供智障儿童专门使用的器材更少,有些活动无法开展,不能使运动员在最佳训练年龄进行科学系统的训练,因此,难于早发现、早培养、早出成绩。大部分基层培智学校都不能坚持长年训练,只是在赛前适应性地练几天。造成这种局面的原因是多方面的。首先,没有相关政策制度的约束。其次,一线体育教师代课任务重,琐事太多,课时费、训练费(有的学校一节课才几元钱)过低。学校器材短缺,一场多用,队员营养跟不上等,都牢牢地束缚着基层教练的手脚,扼杀了他们对特奥运动训练的热情。另外,一线培智学校体育教师队伍综合素质有待提高,在外部没有压力的情况下,大部分体育教师“坐吃山空”,在学校学习的知识早已忘记,新的理念更新慢,对新兴事物没有兴趣,造成专业严重滞后,大大阻碍了特奥运动的前进与发展。

(三)特奥运动教练员对所饰角色不能胜任

特奥运动教练员服务的对象是一群注意力不集中、学习速度缓慢、抽象思维能力差、严重者有精神发育迟滞等不同障碍的智力障碍孩子。如果教练员不能做好心理分析师的角色,总像对待正常儿童一样,高要求,强刺激,训练大,只能起到事倍功半的效果。在特奥运动的训练过程中,一个合格的教练员不仅要在技术上给予辅导,而且要扮演好“父母”的角色,对这些先天不足的孩子给予无私的爱和无微的呵护;要扮演好朋友的角色,无论他们伤心或愉快都陪着他们一起“疯癫”、一起“痴狂”,在他们的世界里感受着他们的喜、怒、哀、惧;要充当好他们的“伯乐”,及时发现他们在体育运动上的天赋,适时地把优秀的队员输送到更适合他们发展的队伍里。这些角色的综合扮演对一个和智力障碍孩子毫无血缘关系的特奥教练员来说,将要付出多少无私的爱和心血,将要付出比普通教师多几倍、几十倍甚至上百倍的智慧和汗水。只有综合地扮演好多重角色,成功才会不期而至。

(四)特奥运动教练员的科研水平有待提高

特殊教育的体育运动是一个涉及教育、体育、医学等多门学科的交叉研究领域。目前,我国研究特殊学校体育运动的学者非常少,有关特奥运动训练、理论体系、资源的挖掘利用、训练方法指导等就更少。多数学者都来自普通大专院校,他们的研究只侧重于理论和现状调查分析,缺乏经验和实际的结合,不能为特奥运动训练制定出科学系统的训练模式,缺乏可操作价值。没有较完善的特奥运动训练体系,就要求特奥运动教练员不断提高自身水平,实事求是,脚踏实地,扎扎实实搞好特奥运动训练课题研究,实现理论与实践的高度统一。

二、特奥运动教练队伍的培养

《中华人民共和国残疾人教育条例》的颁布与实施,从法律上进一步保障了我国残疾人平等受教育的权利,大大促进了残疾人教育事业的发展。残疾人享有良好的体育教育是教育公平的具体体现，是残疾人人权保障的重要内容，能有效促进残疾人身心的健康发展，更好地增强残疾人的社会适应能力。作为残疾人体育运动重要组成部分的特奥运动显得尤为重要，而培养一支德才兼备的特奥运动教练员队伍更是开展好特奥运动的基础。笔者试从理念的更新、目标的引领、内容的取舍、方式的选择等方面谈谈自己对培养特奥运动教练队伍的见解。

（一）理念的更新

要想真正培养一支优秀的特奥运动教练员队伍，国家教育、体育主管部门和残疾人联合会等政府部门首先要树立“以人为本”的管理理念，充分发挥教练员的自主性、能动性和创造性，少一些限制，多一些激励，多提供一些开放与公平的选拔、培训机会。例如：一线优秀的教练员可通过资格认证，入选到国家级教练员队伍中。一些优秀的特奥运动员在取得比赛成绩后，现任教练会得到奖励，而启蒙教练员却没有奖励，这在一定程度上挫伤了基层教练的工作积极性。所以，在进行特奥运动队伍建设时，要建立一种相对完善的激励机制，建立能充分调动和发挥各级特奥教练员的积极性与潜能的制度，并通过队伍建设形成一种和谐的工作大环境。

（二）目标的引领

目标是一切行为的灵魂，是一切行为的方向。没有正确的方向，再大的本领也没有用武之地；没有正确的方向，再多的努力也没有效果。所以，有关部门要根据我国的国情制定出培养特奥教练员目标，如培养方式和措施、等级考试制度、短中长期规划、评价标准等。这些都是特奥运动教练队伍的指路明灯，我们一线特教体育教师翘首以待。

围绕特奥教练员的培养，各省和各地区政府及教练员教育机构要紧密配合。特奥教练员要接受政府指导，独立开展工作。政府机构负责制定教练员教育政策和标准，完善教练员教育的法律法规保障体制，对特奥教练员的教育提供资金、政策方面的帮助；成立专门的教育机构，负责实施特奥教练员的教育工作，健全能力标准、等级划分、教育内容、评估标准、继续教育、保障制度等内容的特奥教练员技术资格认证体制。

（三）内容的取舍

由于特奥运动所施教的对象是残疾人，特奥运动教练员在训练过程中面临的问题多样且复杂，无形中比普通教练员增加了难度，他们除了要学习体育科学基础理论专业知识，如运动生理、运动心理，运动解剖、体育学、运动训练学等知识外，还要学习病理学、康复学等医学知识。

一线特奥运动教练员不可能对所有特奥项目的教练工作都熟悉，由于特奥项目众多，容易造成什么项目都想抓、什么都抓不好的局面。因此，教练培训时，不能泛泛而谈，要有项目针对性、更新性、持续性，选派教练参加培训时尽量根据原专业的联系性，有针对性地进行教练员培训。并且,教练员在培训中,有学习就要有反思,要有相关的考核评价。

值得注意的是,运动训练是一种富有挑战性和创造性的活动,它是脑力劳动和体力劳动的完美结合,这就要求教练要有旺盛的精力和健康的体魄。因此,在培养特奥教练队伍时,要注重对教练体能的培训和考核,教练的身体状况是完成目标任务最基础的保障。同时,要注意培养他们对特奥运动的奉献精神、崇高的敬业精神、高尚的职业道德,只有真爱这份事业的教练员才能在特奥运动训练中自觉地学习,刻苦钻研,才能积极主动、创造性地开展训练工作,才能在这份事业上倾注毕生的精力而无怨无悔。

(四)方式的选择

为了提高特奥运动教练员的专业素质和专业能力,首先,要建立健全特奥运动法律法规、奖励措施、教练员网络、科研规划等,保证特奥教练员工作的顺利进行。其次,引导特奥运动教练员逐渐形成自我发展意识,使他们不断自觉反思,并对所从事专业有长远规划,不断促进自我专业成长。第三,有关主管部门要针对特奥运动教练员现状及培养目标,采用远程教育、各级研讨班、专项培训班、实践观摩以及与高水平教练员进行经验交流、教练员任职资格证考级等各种方法，不断提升特奥运动教练的专业能力、专业素养，不断加快在知、情、意、行等方面的跨越式发展速度，从而有效地提高特奥队员的训练水平。

随着经济社会的发展、人民生活水平的提高和整个社会体育运动的蓬勃开展，传统的传授知识型的教练队伍已经无法满足人民群众进行健身、休闲、娱乐竞赛等体育活动的需要。特殊体育运动也不例外，他们更需要一支一专多能的高水平特奥运动教练员队伍。体育运动的发展为一批高水平特奥运动教练员提供了展示和发挥自己才能的机会，他们将会在全国乃至全球教练资格认定中脱颖而出，成为我国特奥运动教练队伍的排头兵。

（本文发表于《当代体育科技》2012 年 23 期，收入本书时略有改动）

优化教师队伍　提高办学水平

邓小平在1978年召开的全国教育工作会议上的讲话中指出："一个学校能不能为社会主义建设培养合格的人才，培养德智体全面发展、有社会主义觉悟的有文化的劳动者，关键在教师。"①大力提高教师队伍的整体素质，培养和造就一支适应现代教育发展需要的高素质的教师队伍，是教育改革和发展的根本大计，是实现教育现代化的重中之重。一所学校办得好不好，质量高不高，能否持续发展，关键在于是否有一支素质优良的教师队伍，关键在于教师的主动性、积极性是否能充分发挥出来。因此，学校应以人为本，把教师当作学校的主体，真正把教师的上进性、积极性调动起来，将教师的潜能充分发挥出来，从而优化教师队伍，提高办学水平。

一、"以人为本"，创造良好的管理环境

新课程标准提出"以人为本"的教学理念，作为学校管理中的人本原理，笔者认为一切管理活动都要以调动教师的主观能动性、积极性和创造性为根本原则，使全体教师明确学校整体办学目标、自己的职责以及二者之间的相互关系等，才能主动地、积极地、创造性

① 邓小平.邓小平文选：第二卷[M].北京：人民出版社，1994：108.

地完成自己的任务。

（一）满足人的第一需求

人的生存需求是人最原始的需求，只有满足了这个需求，才能满足人的高层次需要，才能推动管理工作的发展。在学校工作中，在资金短缺的情况下，为教师建设公寓楼、提供免费接送教职工服务、组织教师检查身体、为离退休教师送温暖等，都可以使教师感受到学校的温暖，都乐意为学校的发展献计献策。

（二）提升人的精神境界

人之所以为人，就在于人有精神。人的精神需求得到恰当的满足，精神境界高，则其工作效率就高，成就就大。一个特教战线上的老师，只有在“热爱特教，献身特教”的崇高信念的支配下，才能自觉贯彻教育方针，才能热爱残疾学生，才能为之奉献一生。我校始终把“我是学校主人翁”“校荣我荣，校衰我耻”作为师德教育的核心，经常学习先进师德标兵的模范事迹，并在工作中大力树先进典型、表彰先进，学习先进，从而争做先进。

二、职责明确，挖掘人的潜能

我校管理是分部门管理，有幼儿康复部、融合部、聋部、盲部、幼儿园等5个部。要想使每个部门不断提高管理功效、办出特色，就必须在合理分工的基础上，明确部门、个人必须完成的工作任务和承担相应的工作责任。针对各部的特殊情况，学校研究制定了部主任岗位职责、管理细则、考评细则等。在各部的管理中，部主任在明确职责后，便拥有相应的人事权、财务权、物权，如融合部、幼儿康复部可自行聘任教职工、教学器材可自行购置；学生、教师等一切平时管理可根据部内情况由部主任负责分管。经过实践，融合部创建了“聋健合一”的办学路子；幼儿康复部形成了自己的特色，以康复为主线，让更多的聋儿走进正常学校就读；聋部以职业教育为龙头，使每一位聋生有一技之长。

三、方法得当,提高教师的综合素质

古希腊哲学家、数学家、物理学家阿基米德曾豪迈地宣称:“给我一个支点,我就能撬起整个地球!”作为学校,要为教师的发展需要服务,努力创设竞争合作、积极向上的氛围,为教师提供发展自己、提高自己的“支点”。

(一)自定目标,自找压力

不懂特教的人都常劝我说:“你们特殊学校又没有升学任务,何必自己跟自己过不去呢?”笔者认为如果一个学校什么活动都不参与,抱着“做一天和尚撞一天钟”的思想,教师没有压力、没有追求,毁掉的不仅仅是一批残疾孩子,更多的是教师自己。俗话说:目标产生动力,没有压力就没有动力。因此,我校每学期开学初,都会组织全体教师学习“学校远期规划”“近期目标”;每位教师填写“目标管理责任书”,包括自学一本教育专著,自撰一篇教学论文,上一节公开课,参与一个科研课题,练一手好字等。我校还针对各学科特点制定学科教学管理目标,使全体教师在工作中有了明确的目标和自身努力的方向。另外,我校经常申报各级各类评估验收,如:省模范学校评估、省现代化示范学校评估、德育先进学校验收、体育先进学校评估等,每一次评估对学校对师生都是一次大检阅。

(二)自我学习,自我完善

良好的师德是做好工作的前提,丰富的学识和高超的教学水平则是做好工作的保证。我们应清醒地看到:21 世纪科学技术迅猛发展,作为教师,要想适应新世纪、新形势下的不断发展变化的要求,就要不断地学习,不断地更新自己的知识和观念。为给教师提供优良的学习环境,我校创建了特殊教育网站、校园网,并给全体教师配置了电脑,有电脑机房 6 间,图书馆阅览室内杂志、图书几万册。我校经常采用“走出去、请进来”的办法开展培训，并把每周五定为教师业务学习时间，学习教科研知识、教育理论，开展手语培训、心理辅导、健康讲座等。每次派出学习的教师回来，人人要谈体会、开讲座，使其学习内容最大化共享。学校内形成了比学习、比干劲、比创优的良好氛围。

（三）乐于竞争，共同发展

在教师管理中，学校管理者为教师创设良好的竞争氛围，打破学校人际环境的平衡状态，有利于激发全体教师的工作热情，有利于促进教师在竞争中积极寻求新的平衡和发展，从而有利于优秀教师群体的优化。我校经常开展多种形式的课堂教学比武活动，小型多样的说课比赛、教案设计竞赛、课件制作比赛，配合师德教育进行各项征文、演讲比赛、各种经验交流会及各种花样的体育竞赛活动等，让教师在活动中施展各自的才华，在竞争中体验到成功的愉悦，在实践中不断增长自己的才干，提高教育教学水平。

四、奖惩分明，建立积极向上的评价体系

对教师公正、公平的评价，奖惩分明将有助于提高教师的积极性、充分挖掘每个人的潜能，提高管理的效率。这就要求对教师的

评价要体现激励和发展的功能,注重过程性评价,让教师参与评价的过程中。为此,评价的基础要有一个明确的、大家认可的工作实绩考核标准和评价细则,建立考勤考绩档案等。根据考核结果,对成绩出色、有特殊贡献的教师,要及时给予肯定和奖励,使他们的积极性、示范性长期维持下去。同时,要善于运用惩罚措施,通过对个别教师的惩罚来教育多数人,及时制止不良行为。

振兴民族的希望在教育、振兴教育的希望在教师,培育出一支有思想、有追求、有能力、有风格的教师队伍,学校管理者任重而道远。让我们继续深入探索,为优化师资队伍建设,全面实施现代化工程做出应有的贡献。

(本文获2009年全国第二届现代特殊教育论文二等奖,
收入本书时略有改动)

“七彩绳”体育教学课例分析

【课例描述】 课的开始部分，教师让学生手持七彩绳，有的跳绳，有的手拉绳，一改过去的集合整队方式，用个性化形式“闪亮登场”，为全课设下了轻松愉快的学习基调。

教师：“同学们，今天的体育课，我们一起来玩一玩七彩绳，比一比谁玩得花样多，好不好？”学生一听，情绪顿时高涨，个个拿着手中的小绳跃跃欲试。

教师：“先自由复习绳操和做一些自己喜欢的小游戏。”学生有的“踩尾巴”“捉龙尾”，有的“钻鼠洞”“套小马”，课堂上笑声一片。

教师：“下面我们自由结合，自创花样跳绳，15 分钟后比赛。”学生三五成群，有男女分组，有友情分组，有兴趣分组。教师巡回观察，适当点拨。学生有的单脚跳，有的双脚跳，有的双人跳，有的多人跳……教师还不时被邀请参加学生活动。学生边跳边数，有的组还给自己的跳法起了好听的名字，如“接龙尾”“天女散花”“小驴拉磨”等。

教师：“同学们，你们的跳法可真多，老师都看花了眼。哪个小组先把你们的创新玩法说一说，并做给全班同学看一看？”学生各小组出列表演，第一组单人跳（单飞跳、双飞跳、交叉腿跳等 12 种），第二组合作跳（手牵手、小驴推磨、小兔插花、奔腾的小马……），第三组……学生在合作中创编了很多种跳绳的方法,个个兴致勃勃,积极性很高。教师充分表扬各小组的玩法,还评出了"最佳创新奖""最佳合作奖""最佳新星奖"等。课堂气氛热烈和谐。

接着,教师设计了一个草原情景:在一片美丽的草原上一群受惊的小马被猎人追赶,学生分角色练习,有的扮演猎人,有的扮演小马,操场上呈现欢乐的气氛,学生在"乐中学",教与学和谐自然。

最后教师提示:"同学们,你们能不能利用七彩绳摆出一些图案来,在图案中玩一玩呢?"学生很快摆成圆圈、三角形、奥运五环等图形。学生在想一想、拼一拼、玩一玩中发挥想象,愉悦了心情,身心得到放松,能力得到提高。

【课例基本理念】 教学活动应该让每位参与活动的学生都能唤起内在的激情。判断一堂课是不是好课,主要看是否调动了学生的自发性、主动性、积极性和创造性。学生学习的主体性不是天然就有的,要靠教师长期教授、指导、引导才能习得。学生是学习和发展的主体。在体育课堂教学中,要充分体现出学生既是教学的主体,又是思维的主体,还是身体锻炼的主体。

快乐体育是让学生体验到运动和体育学习的乐趣,为形成学生终身参加体育实践的志向服务。它重视爱的教育、美的教育与各项运动所独具的乐趣,强调学习兴趣与创造学习。寓教于乐,是教育艺术的最高境界,也是成功教育的必由之路。

在体育教学中给学生留有适当的时间和空间,引导学生积极思考、大胆创新,充分发挥个人在小组中的主观能动性。在自主学习的基础上更应体现合作学习的理念,让小组成员在合作学习中彼此互学、互助,达成共同的学习目标。也就是说,教学中要发挥每个学生的特长、能力、个性。在本课例的教学中,学生根据友情、兴趣进行分组,在教师有计划地辅助、引导下,小组成员间互相配合、互相帮助、合作学习,共同达成了教学目标,促进了学生在认知、情感和社会适应等方面健康和谐发展。

【课例反思】 本课例教学对象是五年级聋生,他们思维活跃、想象丰富,好提问、好表现。根据这一特点,本课在教学中改变了传统体育教学的模式,强调学生自主学习,安排了大量激发学生自主创新的时间和空间,并渗透到课堂教学的每一个环节,让学生多一些想象,多一分自主创新的主动。课堂气氛活跃,学生能在乐中学、学中乐,教与学和谐自然,全班同学掌握了花样跳绳技术,提高了身体素质,还发展了多种能力。

(本文发表于《现代特殊教育》2014 年第 12 期,
收入本书时略有改动)

带上球宝宝去秋游

——五年级“篮球:行进间运球”教学设计

一、指导思想

本课以“适应社会”为主题,以“新课标”为依据,树立“健康第一”的指导思想,坚持立德树人,强调体育的实践性特征,激发聋生的运动兴趣,发展聋生的体能,培养其坚强的意志品质、合作精神和交往能力。本节课通过多种方法和手段使学生愉快地进行学练,在学练中体会合作、进步、快乐、竞争等各种心理感受,为他们更好地融入社会发挥重要作用。

二、教材分析

“篮球:行进间运球”是小学生比较喜欢的运动项目,是篮球教学的基础技术。原地运球动作口诀:两腿弯曲站,小臂带手腕,掌心空着按,篮球玩得转;行进间高运球的口诀:上体前倾膝微屈,五指分开肘为轴,用力按球侧后方,大步奔跑要跟上。学好篮球运球技术能为今后的传球、攻防对抗等技战术打下基础。

本节课以情境教学——带学生和球宝宝去篮球公园秋游为主线,通过“穿越密码桥→逗球宝宝→教球宝宝学写数字→复习原地运球技术→学习行进间运球→拓展练习过梯运球及运球过梯→齐心协力龙舟行→开心球宝宝”等环节层层推进，培养了学生的合作精神、运动情趣，渗透了环保教育、责任意识等，为学生适应社会、融入社会奠定基础。

三、教学目标

1. 80%以上的学生能记住原地运球基本技术动作方法，70%以上的学生能理解行进间运球的方法、目的和意义。

2. 60%以上的学生能熟练做到原地运球时按压球的正上方，五指自然分开，掌心空出，手引球，两腿前后开立；行进间运球时按压球的后侧上方，手脚节奏配合好，并在掌握原地运球的基础上，进行行进间高运球及趣味拓展运球，提高控球的能力。

3. 学生乐于练习，从而可以培养学生的组织纪律性、小组合作意识及创新精神等。

四、教学重难点

教学重点：原地运球按压球的正上方，行进间运球按压球的后侧上方，五指自然分开，手心空出，上下肢协调配合。

教学难点：手对球的控制能力。

五、教学组织策略

（一）情境导入　激发兴趣

本节课以“社会适应”为主题，以“秋游”为主线，激发学生的兴趣，提出任务：① 带好“球宝宝”学好技术；② 带好多重残疾的林同学，培养学生的团结互助能力；③ 爱护环境，不乱丢垃圾，爱护花草树木等环保教育，适时进行德育渗透。

设计意图：“秋游”很符合这个年龄段的孩子，他们喜欢秋游，能够在秋游中引起学生的共鸣。

（二）游戏激趣　快乐热身

以游戏的方式使学生掌握打开密码的方法，从而快速解锁通过密码桥达到热身的效果。学生自主逗球练习（地滚球、拨球、抛接球、抛球击掌、抱球写数字等），为基本部分学习做好充分的准备。

设计意图：通过形式多样的方式从身心两个方面调动学生对篮球的兴趣，充分做好准备活动。

（三）突破难点　学习新知

在学习新的运球技术过程中，教师讲解示范，学生尝试练习，教师出示图片，学生自主复习、熟记口诀、原地运球练习，教师巡回指导，学生左右手单手拍球、高低运球、拍球转圈、左右换手运球，逐步掌握行进间运球口诀、过灵敏梯运球、运球过灵敏梯等拓展练习，层层推进，使学生逐渐掌握篮球的运球技术。

设计意图：依据知识技能形成的规律，从简到繁、从易到难循序渐进，根据学生心理特点设计运球方法，组织方式力求多变，不断激发学生的学习兴趣，提高教学的有效性。

（四）齐心协力　旱地龙舟

本课选用“齐心协力龙舟行”，需要学生集体配合才能完成的内容来培养学生的合作精神。学生集体在灵敏梯里进行滑步、鸭子走、地滚球等素质练习。

设计意图:一材多用,一材巧用,生、球、梯多元融合,培养学生的配合意识,提高学生的灵敏、协调等素质,使体育课堂更多彩。

（五）结束放松　恢复身心

结束部分遵循孩子的天性,开心就笑,不开心就哭,设计了“开心球宝宝”抛球大笑接住假哭的小游戏,使学生在轻松的氛围中结束本课。师生评议谈感受、谈体会,奖励表现好的学生,布置课后作业。

附教案:

带上球宝宝去秋游——篮球:行进间运球

教材内容	篮球:行进间运球	重点	按压球的部位,五指自然分开,手心空出,上下肢协调配合
		难点	手对球的控制能力
教学目标	1. 80%以上的学生能记住原地运球的基本技术动作方法,70%以上的学生能理解行进间运球的方法、目的和意义。 2. 60%以上的学生能熟练做到原地运球时按压球的正上方,五指自然分开,掌心空出,手引球,两腿前后开立;行进间运球时按压球的后上方,手脚节奏配合好,并在掌握原地运球的基础上,进行行进间高运球及趣味拓展运球,提高控球的能力。 3. 学生乐于练习,从而可以培养学生的组织纪律性、小组合作意识及创新精神等		
教学准备	篮球若干、卡片若干、灵敏梯2根		

表(续)

教学过程	教学内容	教与学	组织
课堂开始	情境导入 激发兴趣	1. 课前观看导学卡,明白本节课的任务和活动流程。 2. 集合整队,师生问好。 3. 强调报数后记住自己的学号。 4. 情境导入:以秋游为情境导入学习内容和要求,并强调安全的重要性	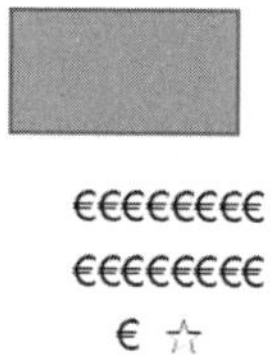
准备部分	游戏激趣 快乐热身	1. 沿篮球场跑,边跑边进行巧过密码桥游戏,激发学生的兴趣。 2. 逗球练习:地滚球、拨球、抛接球、抛球击掌、抱球写数字。 3. 教师引导学生集体练习	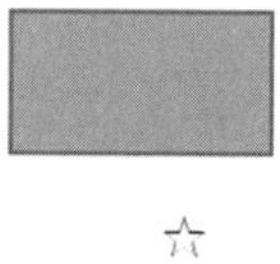
基本部分	突破难点 学习新知	1. 组织复习原地运球。 2. 教师强调原地运球口诀并示范正确的动作方法。口诀:两腿前后弯曲站,小臂带手腕,掌心空着按,篮球玩得转。 3. 学生排两列横队自主复习。 4. 学生原地运球练习,教师巡回指导(左右手单手拍球、高低运球、拍球转圈、左右换手运球等)。 5. 学习行进间高运球,熟读口诀:上体前倾膝微屈,五指分开肘为轴,用力按球后侧上方,大步奔跑要跟上。 6. 趣味运球:过梯运球。 7. 运球过梯。 8. 学生展示。 9. 师生讲评学习情况	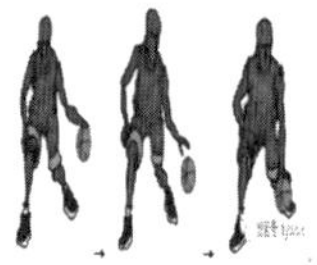 运球  趣味运球

表(续)

基本部分	齐心协力 旱地龙舟	1. 提示练习的方法及规则,强调安全。 2. 教师组织学生分组练习(鸭子步、侧滑步等)。 3. 组织比赛	
结束部分	结束放松 恢复身心	1. 放松:笑了,哭了(配乐)。 讲述方法,抛球大笑接住假哭。 2. 师生评议谈感受、谈体会,奖励表现突出的学生。 3. 布置课后作业。 4. 归还器材,击掌下课	
作业	教家人学习运球;双人合作运球		

(本课获2019年徐州市特殊教育优质课评比一等奖)

借你一双眼睛

——盲生体育课设计

一、指导思想

特殊学生(盲生、聋生)在平时的学习中受到相当多的影响,许多新的教材、有趣的教材他们都不能享受到。本节课笔者充分利用他们感官上的互补(聋人有一双明亮的眼睛,盲人有一对灵敏的耳朵),促进学生共同进步。本节课以"朋友"为线索,通过引导学生理解朋友的意义、找朋友、朋友互相合作,使他们感受、分享在合作学习中取得的成功,从而教育他们在生活中能主动帮助、关爱比自己更困难的人,学会和他人合作,树立起自尊、自信、自强、自立、自律,保持乐观积极的心态,能坦然面对残疾,微笑面对磨难。

二、教学过程

1. 用一首《朋友》作为背景音乐,学生边跳边唱来导入主题,使聋、盲学生互相认识。

2. 在游戏"找朋友"中加深同学之间的感情,从而使盲生掌握第一个游戏:找朋友,并启发学生:好朋友应该互相帮助。

3. 选用"盲人种花"(跑)和"同心圆"(游戏)这两个需要在合作

下才能更好更快地完成的教学内容，使聋生和盲生共同体验合作学习的快乐。

4. 选用欣赏音乐、折纸船、互赠纸船的方法结束本课，祝愿这些特殊的孩子在人生的旅途中能一帆风顺。

附教案：

跑：盲人种花；游戏：同心圆

<table>
<tr><td>教学
目标</td><td colspan="4">1. 使聋生和盲生共同掌握跑和游戏的方法和规则，感受游戏的快乐。
2. 聋生和盲生能在活动中互相帮助，共同完成跑和游戏的教学内容。盲生在帮助下敢于做未曾完成的动作，从而教育学生在生活学习中学会关爱比自己弱的人。
3. 学生乐于学练，积极思考，主动参与练习，并表现出机智、果断、顽强的优良品质</td></tr>
<tr><td>教学
重难点</td><td colspan="4">重点：快速跑和游戏“同心圆”。
难点：盲聋学生能配合默契，完成合作性的练习</td></tr>
<tr><td>教材内容</td><td colspan="4">跑：盲人种花；游戏：同心圆</td></tr>
<tr><td>教学过程</td><td>教师活动</td><td>学生活动</td><td>时间</td><td>次数</td></tr>
</table>

表(续)

导入	1. 出示集合手势和口令。 2. 向学生问好。 3. 宣布课的任务及意义  手势:游戏	1. 盲聋学生分成两列横队集合。 2. 向老师问好(声音洪亮)。 3. 认真听讲,了解教师的活动意义	1～2 分钟	
唱 《朋友》	1. 师生同唱《朋友》 2. 教师启发:朋友之间该怎样做? 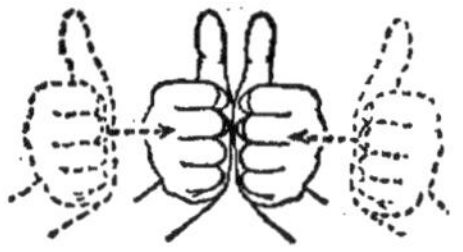 手势:朋友	1. 聋生、盲生边跳边唱。 2. 学生回答:好朋友要互相帮助、团结友爱…… 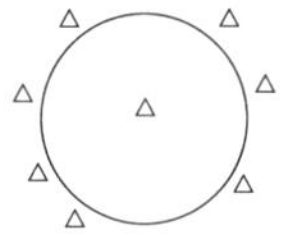	1～2 分钟	
游戏: 找朋友	1. 请小助手讲解游戏找朋友的方法。 2. 组织小游戏找朋友。 提示:找到了朋友我们该怎样去做? 3. 指导学生游戏(游戏中加入一些跑跳步动作和动物的模仿)	1. 认真听教师讲述方法和规则。 2. 2～3 名学生试做一次。 3. 师生共同进行找朋友游戏 (组织同上图)	4～5 分钟	

表(续)

跑: 盲人种花	1. 让聋生根据教师提供的器材想象游戏的方法。 2. 启发学生如何使盲人更好更快地完成跑的技术。 3. 组织学生练习。 4. 教师总结:聋人有一双明亮的眼睛,盲人有一对灵敏的耳朵,我们要学会互补。 5. 鼓励学生谈感受和优缺点	1. 学生边看边听边思考。 2. 一聋生一盲生试做(掌声、鼓声、手拉手)。 3. 组织练习和比赛。 4. 盲聋学生互相体验。 5. 学生谈感受	15～16分钟	3～4组
合作游戏: 同心圆	1. 组织聋生尝试游戏同心圆(生活中会遇到很多困难就如本游戏一样,如果不协作好就很难前进)。 2. 指导学生分组练习。 3. 师生同乐	1. 主动思考、尝试游戏的方法。聋生主动帮助盲生,乐于和他们在一组游戏。 2. 自由结合练习。 3. 师生共同游戏	14～15分钟	2～3组
总结评价	1. 师生共同欣赏音乐。 2. 教师总结:朋友一生很重要,祝愿学生能找到更好更多的朋友。 3. 两人一组自制小船,互祝学生一帆风顺。 4. 宣布下课向学生再见	1. 齐唱《永远是朋友》。 2. 师生评价,鼓励学生谈感受。 3. 折小船互送。 4. 向老师再见	3～4分钟	
器材:录音机1台、磁带、盆2只、花2束、眼罩4只、纸船1只、纸若干张				

(本教学案例获2012年徐州市评比一等奖)

软式棒垒球

——击球教学设计

一、指导思想

本节课以《聋校义务教育课程标准》为依据，全面贯彻“健康第一”的指导思想，以大力推进学讲计划的实施为契机，关注聋生的诉求和需要，保障聋生体育权利，坚持以聋生的发展为主体，充分发挥体育与健康课程实践性、健身性、补偿性及教育性的原则，使学生在自主学练和小组合作学习中通过做、讲、练、教等环节真正达到教学相长，不断促进他们身心健康、和谐发展，并为终身体育和健康生活奠定良好的基础，为他们更好地融入社会发挥重要作用。

二、教材分析与学情分析

软式棒垒球运动是新引进我国的，它涵盖跑、跳、投、打多项运动技能，能够比较全面地提高学生的速度、灵敏、力量等多项身体素质。国内部分中小学校将其引入课堂，收到了良好的教学效果。软式棒垒球的教学活动，对学生的健身、育心、增智都非常有益。击球技术是棒垒球的基本技术，为将来攻防战术的学习打下基础，更重要的是棒垒球能培养学生的合作意识，提高学生灵活运用击球进行比赛的能力。本课力争使不同的学生都能根据自身特点发挥各自长处并能收获运动的快乐,从而调动学生学习的主动性和积极性,使学生在学习中不断去尝试、去竞争、去感受。

本节课的教学对象是职高二年级11名学生。选择这个班级,因为这个班级的学生身体素质差异很大,有利于分层教学。该班学生对体育运动较有兴趣的占60%,由于性格、障碍程度导致的对体育运动兴趣不足的占40%。聋生由于听力的损失,他们的学习主要靠视觉来完成,模仿能力很强,具备一定的自学、自练能力,更可喜的是学生之间沟通无障碍,能更好地进行兵教兵、合作性的小组学习等,为实施学讲计划打下了坚实的基础。在教学中,全面提高学生的棒垒球技术水平,并使他们充分体验参与棒球运动的乐趣,享受这种高雅运动的快乐。

三、教学目标

1. 认知目标:学生能明确软式棒垒球击球的动作要领、注意事项及练习方法。

2. 技术技能目标:复习传、接球,学习击球技术,70%的学生能正确做出握棒、准备姿势、引棒、挥击、随挥等动作,能做到蹬地、转体、挥棒发力,击中球心。

3. 情感目标:学生乐于练习,能互相帮助,在合作学习中不断体验成功和进步的喜悦。

四、教学重难点

1. 教学重点:掌握击球动作的正确顺序,即握棒、准备姿势、引棒、挥击、随挥。

2. 教学难点:蹬地、转体、挥棒发力,击中球的球心。

五、教法和学法

自主学习法、合作学习法、探究学习法、练习法、竞赛法、讲解示范法等。

根据学生年龄段生长发育的特点，遵循学生技能形成的规律、教学组织的规律、学生生理和心理活动的规律，教师力求语言精练，把更多的时间交给学生。

六、教学过程

（一）课堂导入

课前学生先观看导学卡及微课提高兴趣，了解本节课的所学内容及课的流程。开始部分由体育委员集合整队，教师根据导学卡内容提示本节课的学习任务，师生一同做好准备活动。同时，欢迎有兴趣的老师一同参与本节课学习。

（二）快乐热身

游戏是学生喜闻乐见的活动，深受学生的喜爱。根据课前的分组，由各小组长带领组员做准备活动和辅助性热身操，然后师生集体进行触杀游戏，既能热身又能很自然地使学生掌握触杀技术，为将来的防守技术奠定基础。

设计意图：本游戏选用与将来的棒垒球传球触杀及比赛紧密相关，为今后教学作铺垫。热身操要更充分地活动开，以防天冷受伤。

（三）复习旧知

苏联心理学家维果斯基认为，儿童的全部心理过程是在交往过程中发展的，而表现为合作的教学正是最具有计划性与系统性的交往形式。本环节设计的任务单是自主复习抛接球、对墙传接球练习，以及发挥想象高密度地进行传接球练习。在练习中，教师重点对后进生进行指导并引导同学互相观察，互相纠正。学生之间相互交流,及时帮助同伴掌握传接球的动作技术。

设计意图:自主复习传接球,发挥学生的想象,为将来传接球技战术的学习打好基础。

(四)学习新知

1. 由于聋生听力受阻,沟通受限,他们只有通过自己的主动思考和亲身体验才可能实现最有效的学习。因此在讲授新知时,教师要创设良好的学习环境,促使聋生以积极的心态投入到探索知识的过程中。由于聋生接受新知主要通过视觉,教师在新授环节可通过观看微课、尝试练习进行初学,通过讲解示范正确的动作方法以及让学生反复练习来固化知识。

设计意图:微课、示范能使学生更直观地掌握正确的动作方法。

2. 在动作技能形成的过程中,采用尝试、启发、点拨、练习、展示、个别指导的方法。如:引导启发学生正确说出击球动作顺序:由握棒、准备姿势、引棒、击球、随挥等环节组成,并在练习中思考高飞球、平击球、地滚球的运行方向,明白决定因素是棒与球的接触部位不同形成的,并能初步分析球打不好的原因及易犯错误。

设计意图:启发学生想象,及时发现错误,小组间互相纠正。

3. 在练习过程中,小助手能发挥良好的作用,带领本组学生互相学习,同时根据不同水平引导学生自主尝试练习,如"T"座固定球击球练习和慢投击球练习。

设计意图:两种方法动静结合,让学生的好奇心得到满足,使不同层次的学生都能品尝到成功的快乐。

交流展示是固化学习成果的重要环节,通过学生的分组学练,每组选出 1～2 人出列展示,集体评价,学生说出优缺点及改进方法。最后通过攻防比赛来巩固所学内容、检查当堂目标达成度,这个环节希望有兴趣的教师能参与到比赛中,同学生共同体验棒垒球的快乐。

（五）放松结束

学生互相拍拍肩，自主抖动，拉伸进行放松。接着师生评价，学生谈体会谈感受，教师适时表扬鼓励，使学生愉快地结束本课。

设计意图：学生能正确评价自己和别人，放松身心。

（六）课程亮点

1. 一球多用，一材巧用，以球为主线贯穿整节课，游戏→复习抛接球→传接球→击球→比赛，每人一球，有效利用器材，提高练习的密度。

2. 微课的运用，能使学生更直观更清晰地掌握所要学习的主要内容及重难点，使学生能随时随地观看自己不明白的问题。

3. 分组活动，为学生个性能力展示提供平台，能培养小助手的组织能力，“兵教兵”针对性的辅导（连班级中多重残疾的孩子也不抛弃、不放弃）保障了全部学生的体育权利及体育诉求和需要。

4. 及时给学生展示的机会，最大限度地培养学生的组织能力、合作能力和表现欲。

5. 通过自主学、合作学、讲出来、教别人等方式真正让学生成为学习的主人，每一个学生都能在学习中收获快乐、收获自信、收获成功。

6. 音乐的选用虽然学生听不见，但为点缀课堂气氛增加韵律美。

（七）有可能存在的问题

1. 由于在室外，微课清晰度可能不太好，学生观察点有可能找不准。

2. 个别平时内向的学生有可能调动不起来积极性，班级人数少，比赛氛围可能达不到预期效果。

附教案：

软式棒垒球：击球

教材内容	软式棒垒球：击球	重点	掌握击球动作的正确顺序，即握棒、准备姿势、引棒、挥击、随挥
		难点	蹬地、转体、挥棒发力，击中球的球心
教学目标	1. 认知目标：学生能明确软式棒垒球击球的动作要领、注意事项及练习方法。 2. 技术技能目标：复习传、接球，学习击球技术，70%的学生能正确做出握棒、准备姿势、引棒、挥击、随挥等动作，能做到蹬地、转体、挥棒发力，击中球心。 3. 情感目标：学生乐于练习，能互相帮助，在合作学习中体验成功和进步的喜悦		

教学过程	教学内容	教师活动	学生活动	组织
课的开始	课堂常规	1. 教师宣布上课，集合学生。 2. 向学生问好，宣布课的任务。 3. 安排见习生，提示学生注意安全	1. 体育委员集合整队，自主检查服装。 2. 向老师问好，明确课的任务和目标。 3. 学生能注意安全	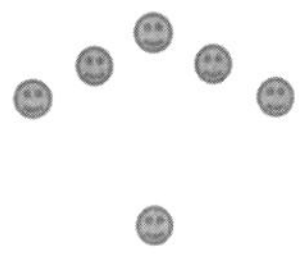
准备部分	快乐热身：游戏触杀	1. 组织学生游戏，讲解游戏方法。 2. 手势引导学生在篮球场慢跑中做触杀游戏。 3. 巡回观察，及时订正徒手操。 4. 安排小助手配发器材	1. 认真听讲，掌握游戏方法。 2. 师生集体绕篮球场慢跑，接球后快速反应触杀。 3. 小助手领做徒手操 2×8 拍（手、上肢、肩关节、髋关节、踝关节等运动操）。 4. 小助手配发器材	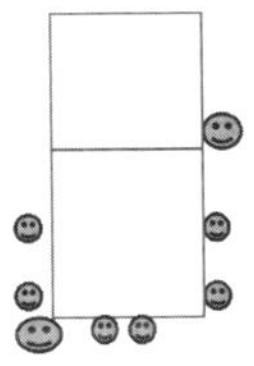

表(续)

基本部分	复习旧知：传接球	1. 启发学生抛接球练习。 2. 示范对墙传接球。 3. 组织学生练习，个别纠正	1. 学生自主抛接球练习。 2. 学生对墙传接球练习	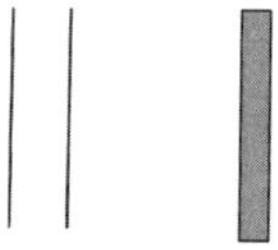
	学习新知：击球	1. 组织学生观看微课视频。 2. 讲解动作要领并示范。 3. 讲解握棒动作方法并示范。 4. 讲解准备姿势的动作方法并示范。 5. 讲解引棒动作方法并示范	1. 学生观看视频，讨论完成导学卡并尝试模仿练习。 2. 学生认真听讲解，仔细观察教师的示范。 3. 学生握棒练习，互相观察，互相纠正。 4. 学生集体握棒准备姿势练习。 5. 学生引棒练习；学生集体进行握棒、准备姿势、引棒、挥击练习	 （准备姿势）  （引棒）

表(续)

基本部分	学习新知：击球	6. 讲解挥击和随挥的动作方法并示范。 7. 手势指挥完整动作练习，并观察学生动作。 8. 教师巡回指导，个别化教学。 9. 组织评议，提示学生注意安全。 10. 请学生讲评，教师补充讲述练习情况。 11. 教师抛球。 12. 教学比赛，师生同乐	6. 学生挥击和随挥的动作练习。 7. 看手势指挥完整动作模仿击球练习。 8. 分小组“T”座固定击球练习，一人做，其余同学纠正。 9. 分组展示，集体评议。 10. 大胆讲评，说出优缺点及改进方法。 11. 学生尝试慢投击球。 12. 分组尝试性教学比赛，可邀请其他教师参与	 (挥击)  (随挥)
结束部分	互拍放松	1. 组织学生放松身心。 2. 集体评价课堂情况。 3. 布置课后作业。 4. 引导学生收送器材，宣布下课	1. 互相拍打，拉伸放松。 2. 学生能正确评价自己和同伴。 3. 互相监督完成作业。 4. 积极收送器材，击掌再见	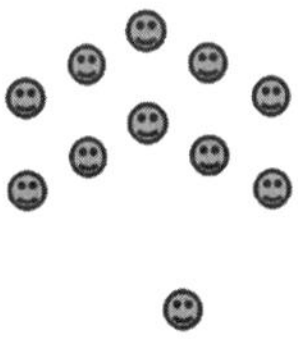
作业	击球徒手练习 20 次；跑垒练习 8 次；花样跳绳			
器材	微课视频、导学卡、打击座 6 个、球棒 12 个、球 12 只、垒包			

(本课为 2018 年淮海经济区公开课)

快乐的小熊

——“技巧：前滚翻”课例分析

一、课例背景

徐州市“学讲计划”在各校开展得轰轰烈烈，作为特殊教育的课堂教学也不甘落后，新一轮学讲课紧锣密鼓地进行着。“学讲计划”确立了学生学习的主体地位，促进了教师教学观念和教学行为的变化，给课堂教学带来了前所未有的活力和效果。作为特殊教育中的教师，如何实施“学讲计划”把学习的主动权还给学生，如何能把学生的所想通过另一种方式表达出来，使他们能在自主、合作、探究学习中学进去、讲出来，从而真正掌握知识，形成能力呢？笔者用本校王老师的一节“技巧：前滚翻”课例来说明聋生在体育课上落实学讲计划的情况。

二、课例描述

课的开始部分，王老师设计了小助手带领学生在方形场地上玩边跑边唱的“找朋友”游戏，而后带领学生进行辅助动作练习，从头部、肩部、腰部及全身运动充分做好准备活动，为“技巧：前滚翻”的学习奠定基础。

师:同学们,你们最喜欢看的动画片有哪些?

生:《猪猪侠》《熊出没》《喜羊羊与灰太狼》……

师:谁知道《熊出没》里熊大熊二最喜欢的一个动作是什么?

生:打滚、滚动、翻跟头……

点评:情境导入用学生们喜欢的动画片入手,激发学生联想,从而唤醒知识、经验或表象,使学生身临其境,激发了学生的兴趣。

师:今天的体育课,我们一起来跟熊大熊二学习滚动,看谁团得紧、滚得正、滚得圆滑,你们喜欢不喜欢?

学生一听,情绪顿时高涨,个个跃跃欲试。

(学生分小组自主进行垫上抱腿滚动练习,而后过渡到自主前后滚动练习。)

(老师巡回观察,适当给予点拨。)

师:同学们做得都很认真,但是老师发现有的同学滚歪了,有的滚得把头撞疼了,有的分腿了,滚得不圆滑。下面看老师滚一滚,好吗?

生:(鼓掌)欢迎老师示范。

师:(边示范边讲动作要领)一蹲二撑三低头;抬臀蹬地快推手;抱膝滚动成蹲立;完成起立高举手。

(学生分组练习,学生互相帮助。)

(老师走近每一组,发现问题及时纠正。)

(学生有的把玩具小熊夹在两腿间,有的夹在脖子下,有的夹在腹部,纠正不同的错误动作。学生们一遍一遍专注地练习着,不时传来笑声、掌声、加油声。)

师:同学们,你们练得真认真,比老师做得好,老师都看花了眼,你们每个小组选出一个做得最好的展示给大家看看,好吗?

(各小组出列表演,大家集体评议,说出优缺点。)

点评:学生在互相帮助、合作学习中掌握了动作方法,在教师的夸奖下，在同学们的互相鼓励下，个个兴致勃勃，积极性很高。教师大加赞赏，充分表扬各小组的学习态度及积极性，继而评出最佳合作奖、最佳进步奖等。在掌声中课堂气氛进一步得到升华。

师：秋天是个收获的季节，金灿灿的稻谷笑弯了腰，熊妈妈在田里割稻子，我们一起帮助熊妈妈劳动吧！

（老师设计了一个秋收的情景，把学生带进游戏“播种与收获”中。学生分组比赛，有的收（合上垫子）、有的播（打开垫子），最后有个滚动结束。）

点评：场地上学生你跑我赶，你追我喊。学生在乐中学，在学中乐，欢呼声此起彼伏，使教与学和谐自然，从而提高了素质和能力。老师适时地进行爱惜粮食、热爱劳动等德育渗透。

师：（播放歌曲《小苹果》）同学们，猜一猜今天中午食堂里做的什么好吃的？

点评：学生们在猜一猜、跳一跳中结束了本课。让学生在跳一跳、猜一猜中发挥想象，愉悦身心，从而身心得到放松。

三、课例评析

（一）一线串通的教学构架

王老师显然精心设计了课堂的全部流程，我们反观整堂课，会很清晰地找到主线：快乐体育。课堂一开始，学生边跑边唱玩“找朋友”的游戏，他们在游戏中所表现出的童趣呈现出了学生们在体育活动中的快乐。基本部分技巧前滚翻中，教师问学生们在《熊出没》中熊大熊二最喜欢的动作是什么，学生们齐声说“滚动”。情境导入学生们最喜欢的动画人物熊大熊二，勾起了学生们无限遐想，他们跃跃欲试，真正展现了学生在课堂中真实的一面。

在游戏“播种与收获”中，学生们一个“播种”一个“收获”，在快速跑动中一个把垫子打开、一个把垫子合上,鼓掌声、欢呼声、雀跃声此起彼伏,说明学生们在体育课堂上是自由的,是快乐的。

在结束部分,教师播放了《小苹果》的音乐,并让学生猜一猜今天食堂做的什么好吃的,有的说红烧肉,有的说鸡腿……学生们哈哈大笑,在笑声中结束了本课。

全课以快乐体育为主线,每个环节虽然过渡不是很自然,但每个环节中都有学生们喜欢的情境,使整节课生动、活泼、有激情。让笔者感动的是,在课的结束部分,学生们谈感受时,有的说要好好锻炼身体为国争光,有的说要顽强拼搏,有的说要爱护环境、保护家园,有的说要互相团结……总之,这堂课最大的受益者是学生们。课的尾声,小小年纪的学生竟有大段大段的肺腑之言,让笔者不仅听到了学生精彩、华丽、动人的语言表达,更是深切感受了他们作为孩子的快乐的真实体验。

这是何等快乐又何等幸福的课堂时光!身体和精神,在这堂课,在这短短的40分钟里得到了最大限度的快乐。笔者认为,这是体育课最高的价值和最大的魅力所在。对此,笔者对王老师的进步感到欣慰,对于学生们能快乐成长深信不疑。

(二)一材多用的教学设计

本节课主要教学器材是垫子,王老师以垫子为主线贯穿全课堂,将教材与游戏练习有机结合,在教学中以自主学、合作学、兵教兵等形式,培养学生的自主、合作等实践能力,从而促进聋生的身心全面发展。

(三)一针见血的课堂评价

评委一:本节课设计独具匠心,颇有新意,体现了“学讲计划”实施意见中的精神内涵。在自主学习、合作学习等新理念的指引下,教师的教学既让学生在运动中运用过去所学的知识和技能,又让学生通过合作学习去发现新方法，从而掌握新技术、新知识，提高新能力。特别在分组练习和比赛中，每位学生在小组中都能发挥自己的作用，都收获到了不一样的快乐，这对于特殊教育课堂来说是很可贵的。教师的示范动作需要加强练习。

评委二：本节课一材多用、一材巧用，能将游戏与教材有机结合，注重低年级学生的实际，合理运用聋生之间容易交流与沟通的特点，充分发挥小助手小骨干的作用，培养了学生的组织领导能力。最后总结部分，如果让学生有针对性地谈谈技术学习感受，更能体现"学讲计划"的学进去、讲出来的理念。

评委三：教师能根据自己的教学风格和学生的实际情况选择教法，体现了民主、平等、和谐、健康的师生关系，为实现学生个性发展提供了先决条件。本节课教师既让学生喜欢学、乐于学，又使他们明确了学习的目的和意义，自觉主动地发展体育能力和个性，以浓厚的兴趣、顽强的意志、适宜的方法来调节学生的体育活动，从而使整个教学过程充满快乐、愉悦、和谐的气氛。

四、课例反思

一位优秀教师的优秀之处是能够很好地处理课堂上的偶发事件，更准确地把握教学中随时发生的问题，而不是根据自己的备课死板地完成教学。本节课中，在前滚翻的动作教学中，学生 A 出现了滚动不圆滑、分腿等情况，而教师并没有根据他的实际情况去纠正错误动作，而是继续按照教学步骤进行教学。要想成为一位优秀的教师，需要我们长期积累经验，反思教学，逐渐形成自己独特的教学风格。

（本文获 2016 年中国学校体育优秀教学案例评比二等奖）

巧设学习场提高聋生的花样跳绳技巧

一、案例背景

2018 年 10 月，徐州市融合教育研讨会在徐州市特殊教育学校举行。为了给刚入职的青年教师上一节展示课，笔者精心准备，巧设学习场“超级达人秀”激发学生兴趣，以学生为主体，以培养学生合作意识和创新精神为目标，通过层层挑战的形式充分发挥学生的主观能动性。在教学过程中，笔者淡化技术技能的教学，将情景与教材有机结合，在教学中“收放结合”“寓练于思”“寓教于乐”，培养了学生的合作、实践、创新能力，从而促进学生的身心全面发展。

二、案例回顾

（一）情境导入

以“超级达人”选拔来创设学习场。教师出示海报，××电视台将进行“超级达人”闯关赛，闯关的内容有：花样绳操、双摇跳、双人花样跳。

（二）勇于闯关

闯关前集体热身，随线跑动，跑动中做趣味徒手操。

1. 闯关一:花样绳操

花样绳操,即利用自编绳操做集体热身活动进行第一关挑战。在音乐的伴奏下,将学生分为 2 组,每组选 1 名学生进行挑战,1 名学生作为嘉宾评委,为进一步掌握跳绳技术奠定基础。

2. 闯关二:双摇跳

通过教师的讲解示范、学生的分组学练,促进学生主动参与挑战,锻炼学生的身体素质,培养学生勇于挑战的勇气和乐于自我表现的精神。

3. 闯关三:双人花样跳

教师通过点拨及播放微视频等方式,启发学生的创新思维。学生通过分组合作学习,创编出不同的花样。通过两人一组的自我展示,培养学生的创新精神和创新能力,提高学生的合作精神和合作能力。

(三)发奖激励

根据挑战的结果,由嘉宾颁发奖杯和奖状,更进一步激励学生的学习主动性,培养学生的凝聚力和团队精神。

(四)舞蹈放松

选择歌曲《我要飞得更高》进行放松活动。放松不仅可以陶冶情操、达到恢复学生身体机能的目的,而且可以及时进行德育渗透,鼓励学生生活中无论遇到什么困难,都要勇敢向前,永不放弃。

小结部分,师生互评,生生互评,学生谈体会谈感受。

设计意图:本节课以“超级达人秀”选拔设计学习场,激发学生学习兴趣。在基本部分始终以教师为主导、学生为主体、闯关为主线,给学生提供充分展示自我的平台,使学生通过自主学习、合作学习,开启思维去创新,使学生努力向新的目标挑战。

三、案例依据

（一）《聋校义务教育体育与健康课程标准》

《聋校义务教育体育与健康课程标准》指出聋校体育教育的重要任务是关注聋生体育诉求和需要，保障聋生的体育权利。本案例遵照“健康第一”的指导思想，坚持立德树人，激发学生的运动兴趣，发展学生的体能，培养学生坚强的意志品质、合作精神和交往能力，为他们更好地融入社会发挥重要作用。

（二）融合教育的理念

融合教育是继“回归主流”教育理念后的全新特殊教育理论，是针对学生不同的特质设定每个学生不同的学习目标，最终目的是将特殊学生包含在教育、物理环境及社会生活的主流内。融合教育既是一种体现教育公平、尊重差异、通向文明进步的教育理念，同时也是必须落实到教师教育和教育教学中的实践活动。徐州市特殊教育学校是融合教育实验学校，有最好的实践条件，在体育教学课堂中融合教育的实施不可或缺。

（三）核心素养的理念

培养体育核心素养就是培养学生的运动能力、健康行为、体育品德等。本案例通过自主学习、合作学习、挑战目标、德育渗透等方式使融合教育的体育课堂丰富多彩，有效地促进了学生核心素养的形成。

（四）情境教学的理念

情境教学是以生动形象的场景，激起学生学、练的情绪和情感的体验。本案例以“超级达人秀”创建学习场，学生通过层层挑战，绳操→双摇跳→双人合作跳→颁奖，最终获得“超级达人”称号。通过课堂上创建学习场，指引学生为实现集体目标而努力。

四、案例反思

《聋校义务教育课程标准》强调要以学生发展为中心，始终要把学生的主动发展放在主体地位。本案例采用的“超级达人”选拔巧设学习场，形式新颖，使听课教师眼前一亮，使学生耳目一新。运用自主学习、合作学习、集体挑战等教学方法，激发学生的学习兴趣，刺激学生的感官，培养了学生的各种能力。

本节课的教学对象是聋八年级学生6名和普通学生6名。如此编班，主要想尝试聋健融合的体育课堂效果，通过融合教学培养学生的合作精神和交往能力。

聋生由于听力的损失，学习主要靠视觉来完成，模仿能力很强，具备一定的自学、自练能力。但八年级学生处于青春期，大都以自我为中心，缺乏合作意识。为了培养学生的合作精神，能更好地进行同学间的“兵教兵”和合作性的小组学习，本节课利用普通学生能听到教师的指令来帮助聋生，培养健听学生的责任意识，为双方适应社会及终身体育打下坚实的基础。同时，通过学习，全面提高学生的跳绳技术，并使他们充分体验花样跳绳运动的乐趣，从而能自觉主动地加强体育锻炼，养成自觉锻炼的良好习惯，为培养学生的体育核心素养奠定基础。

在学习过程中，通过各种方式的花样跳绳，可以提高学生的弹跳能力、空间感觉及协调素质，在教学中营造有利于培养学生创新精神的课堂教学氛围，给学生足够的时间和思维想象的空间，激发学生的创新欲望。采用表扬、奖励的方法，及时巩固和发展学生的创新兴趣，在学生创新过程中感到困难时，教师及时给予点拨，丰富其想象，使每个学生都能从中体验到成功的乐趣。

在创新过程中，由个人创新到集体创新，体现了学生间相互合作的精神。学生在协同合作中，不断感受合作的重要性。

整节课气氛活跃,学生能在乐中学,在学中乐,使教与学和谐自然,从而使学生掌握了跳绳技术,提高了身体素质,发展了各种能力,养成了良好习惯。

不足:准备部分与基本部分相比有些草率,可以适当改进。花样跳绳中建议增加学生与听课嘉宾互动环节,如学生教嘉宾车轮跳、双飞跳等,可使课堂更精彩。

五、案例评价

一个多重残疾学生的家长:赵老师的体育课是一种快乐体育,能让学生在掌握运动技能和进行身体锻炼的同时,体验到运动和体育学习的乐趣。我家孩子自从喜欢上了赵老师的体育课、参加了省残疾人运动会后,自信多了、开心多了。

一位新入职的年轻教师:赵老师的脸上洋溢着幸福的笑,她的笑容极具感染力。赵老师把训斥变为交流,把命令变为感染,把语言变成感情。孩子听不见、说不出,赵老师用爱温暖着每一个特殊学生,用一种情怀投入到教育事业,使平凡的教师岗位有情有爱、有乐有趣。

班主任陈老师:叶澜教授认为,教学活动应该让每位参与活动的学生人人都能够唤起内在的激情。长期游走在教室外的林某同学,是一位经常不参加运动的多重残疾的学生,没有游走在自己的世界里,整节课嘴巴笑得合不拢,从始至终跟着同学们练习,让所有任课教师都很欣慰。寓教于乐,是教育艺术的最高境界,也是成功教育的必由之路,它能很好地体现出教师的教学风格和教育理念。

听课教师:判断一堂课是否是好课,我们主要看是否调动了学生的自觉性、主动性、积极性和创造性。学生学习的主体性不是天然具有的,是要靠教师通过长期的教授、指导、引导所习得。学生是学习和发展的主体,在本节体育课堂教学中,充分体现出学生既是学习的主体，又是思维的主体，还是身体练习的主体。

融合是一种权利，不是少数人的特权，为特殊需要学生提供融合的体育氛围、体育环境，使融合的体育活动既符合特殊需要学生的能力和需要，又不致使他们感觉到有异于常人的隔离，是当下融合教育大背景下每个学科、每个教师都要思考的问题。

附教案：

民族传统体育：花样跳绳

<table>
<tr><td rowspan="2">教材内容</td><td rowspan="2">民族传统体育：花样跳绳</td><td>重点</td><td>双摇跳动作方法及双人合作跳的配合方法</td></tr>
<tr><td>难点</td><td>双人配合跳绳的花样创新</td></tr>
<tr><td>教学目标</td><td colspan="3">1. 掌握3～5种花样跳绳的方法，了解花样跳绳的锻炼价值。
2. 通过跳绳提高力量、协调、灵敏等身体素质。
3. 培养学生勇于挑战自我及创新精神，增强学生相互配合的能力</td></tr>
</table>

表(续)

教学过程	教学内容	教师活动	学生活动	组织
导入部分	情境导入	1. 出示海报的内容。 2. 宣布课堂的任务,讲解“超级达人”评选环节及内容。 3. 带领学生做准备活动	1. 观看海报了解内容。 2. 明确“超级达人”挑战任务和要求。 3. 充分活动,为挑战做好准备	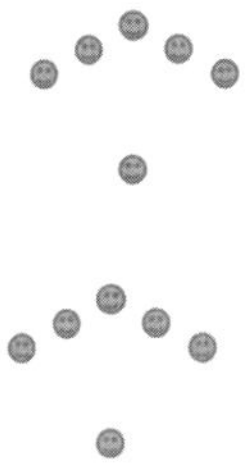
准备部分	挑战一:花样绳操	1. 讲述花样跳绳的要求。 2. 挑选评委。 3. 手势指挥学生集体练习绳操。 4. 计分	1. 明确挑战要求。 2. 每队选出 1 名学生作为评委。 3. 集体挑战绳操。 4. 参与评比	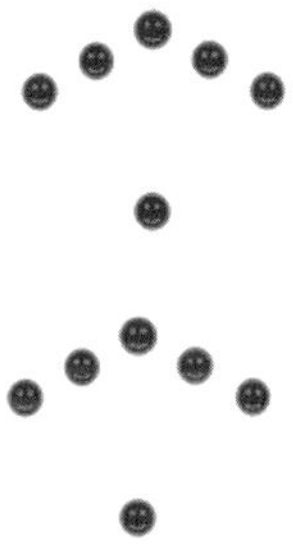
基本部分(一)	挑战二:双摇跳	1. 示范双摇跳。 2. 讲述挑战的要求。 3. 组织学生分组练习。 4. 教师计分	1. 观察教师的示范。 2. 明确挑战的要求。 3. 小组长带领分组练习。 4. 各组选出优秀队员参与挑战	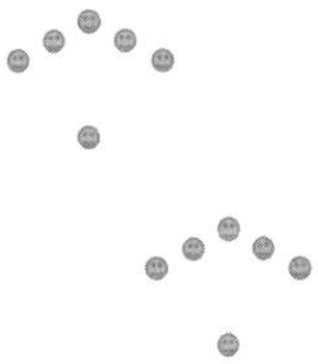

表(续)

<table>
<tr><td>基本部分(三)</td><td>挑战三:双人花样跳</td><td>1. 讲述双人花样跳的内容及要求。
2. 点拨双人花样跳绳的动作要领并示范。
3. 组织学生分组练习。
4. 组织学生挑战。
5. 组织评委评分。
6. 评出“超级达人”并发奖杯</td><td>1. 观看挑战卡,讨论完成双人花样跳的方法。
2. 认真听讲解,仔细观察教师的示范。
3. 分组创新练习。
4. 每组各出 4 名队员挑战。
5. 观看计分情况。
6. 准备领奖,发表获奖感言</td><td></td></tr>
<tr><td>结束部分</td><td>放松:手语舞</td><td>1. 组织学生放松身心。
2. 集体评价课堂情况。
3. 布置课后作业。
4. 引导学生收送器材,宣布下课</td><td>1. 小助手领做手语舞《我要飞得更高》。
2. 评价自己和同伴。
3. 互相监督完成作业。
4. 积极收送器材,击掌再见</td><td>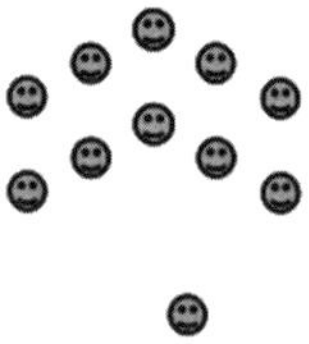</td></tr>
<tr><td>作业</td><td colspan="4">双人车轮跳、双摇跳</td></tr>
<tr><td>场地器材</td><td colspan="4">海报、挑战任务卡、短绳 14 根、奖杯、奖状</td></tr>
</table>

(本课为 2019 年徐州市青年教师入职培训示范课,本文获 2019 年徐州市“科研杯”教学案例一等奖)

无声世界　快乐合作

——“篮球：二攻一与一防二”课例分析

【课例背景】

“学讲计划”是近年来徐州市课堂教学改革的初步成果。“学讲计划”确立了学生学习的主体地位，促进了教师教学观念和教学行为的变化，给课堂教学带来了前所未有的活力和效率。全市教师都积极行动起来，在自己的课堂上实践着、探索着，作为特殊教育的教师当然也不甘落后。恰巧今年，笔者有幸参加特级教师后备培训班的学习，在分组讨论中，学员们出于对特殊教育的好奇心，一致要求把第一次研究课活动的地点放在徐州特殊教育学校。于是，在大家的鼓励和帮助下，笔者针对聋生的实际情况为特级教师后备班学员开设了一节篮球公开课，供大家研讨。

【课例设想】

本节课主要教学内容是篮球攻防技术。在这节课中，以“学讲计划”中的“学进去、讲出来”为主要教学模式，全面贯彻快乐体育、健康第一、合作学习的指导思想；以大力推进“学讲计划”的实施为契机，逐步提高学生的参与意识，运用各种手段激发学生学练兴趣，提高学生的实践能力、创新能力；使学生在自主学练与合作学习中通过做、讲、练、教、赛、评等环节真正达到教学相长；使学生在和谐、平等、友爱、互助的学练环境中感受集体的温暖,体验运动的快乐和竞争的意义;使学生理解自我、集体和社会责任感,从而形成现代社会所必需的合作精神、竞争精神及互帮互助、团结协作的良好品质。

【课堂描述】

一、闪亮登场　激发兴趣

教师出示集合手势。

学生由小组长负责指挥,自主带着篮球运球、持球跑动、花样运球等闪亮登场,一改过去的集合整队,激发学生对篮球运动的兴趣。

教师发现有学生手举篮球明星照,顺势导入姚明篮球技术很高,提问如果没有队友的配合能成功吗?引发学生在篮球运动中及本节课的学习中要互相帮助、互相配合,才能成为像姚明一样的篮球运动员。

教师出示卡片讲述本课主要任务,并告诉学生任务完成好的一组将获得锦囊一个。

设计意图:利用篮球明星、锦囊引发学生对篮球运动的兴趣,充分调动学生学习的好奇心和积极性,从而为主教学做好铺垫。

二、自主学练　快乐热身

学生根据课前的分组,各小组长带领组员做准备活动和辅助练习,主要内容有球操、熟悉球性练习、左右手运球、高低姿势运球、行进间运球等。

教师巡回观察,及时表扬、点拨。

设计意图:课前给小组长布置好任务,各组创造出不同的亮点,尤其是第一组圆形绕人运球,很新颖。通过分组练习,提高学生的篮球基本技术,培养学生的自主学习能力和小助手的组织能力。

三、合作学练　复习旧知

教师根据已学传球内容和学生的实际能力，帮助各小组通过图形设计任务单。

学生根据任务单在以上分组的基础上由小组长组织进行传球练习。一组是两人行进间传球练习、“十”字跑动传球练习、三人“8”字行进间传球练习；另一组是“一”字跑动传球练习、在防守下的“一”字跑动传球练习。在练习中，学生运用讨论、讲解、示范等自己教授的方法，及时帮助同伴掌握运球、传球的技术动作。

教师巡回观察，指导学生进行“兵教兵”，点拨重点和难点，并配合学生做示范。

设计意图：通过各种方式的传球练习，巩固学生的篮球基本技术，培养学生自主学练、合作学习的能力。设置两组不同的任务单，可以使学生在跑动中多次练习传接球，也能增加课堂的观赏度，提高学生的兴趣。但是，本环节教师如果配合学生做一个完整的“8”字传球上篮，效果可能会更好。

四、教学相长　固化新知

学生研究任务单内容：二攻一和一防二的技术方法及如何在运球中进行配合，利用传球进行配合的攻防图。学生边学习边讨论，并在学练中思考提高二攻一成功率的关键是什么。

教师强调重难点，指导学生尝试性练习，并适时点拨。

理解能力强的或篮球技术好的同学，根据自己的理解组织其他同学分组进行二攻一和一防二的消极防守、积极防守等合作性练习，并在练习和讨论中讲出运好球、传到位、速度快、掌握传球时机、合适的跑动位置、配合好等是提高二攻一成功率的关键点，防守时能做到正确运用各种防守动作，真假结合、积极主动进行防守。

在二攻一和一防二的学习中,教师发现学生位置跑动不好、传球不稳、配合不好等问题,进行集体讲解示范或提醒学生发现有问题的同伴要及时一对一进行纠正。教师通过个别讲解示范、集中讲解示范以及集体评价等相结合的方式进行教学。教师小结合作学习情况,及时鼓励,每组选出 3 人出列展示。

学生进行集体评价,说出优缺点及改进方法。

为了更好地固化已学内容,教师检查当堂课目标的达成度,进行每组 3～4 人的自主结合小比赛。

在比赛时选出一位同学做裁判,小裁判讲述简单的篮球规则,然后组织比赛。同学轮流当裁判,组织比赛。

设计意图:交流比赛是固化学习成果的重要环节。通过小组展示、分组比赛,可以检查当堂课目标的达成度。在分组比赛中,学生练习兴致很高,课堂上多次传来听课教师的掌声,增加了学生的自信心。

五、素质练习　能量释放

能量释放这个环节意在使学生在愉快的追赶和竞争中进行补偿性练习,从而提高身体素质及竞争意识。

学生通过地滚球、追球跑、单足跳对抗、集体合作性游戏"坐板凳"等练习来释放能量,提高体能。

设计意图:学生自主进行素质练习,从而在愉快的追赶中、竞争中、合作性游戏中进行补偿性练习,提高身体素质及竞争意识,让一球多用、一球巧用发挥到极致。第二组学生选用的集体性游戏"坐板凳",第一组学生选用的单足跳角力游戏,均给听课教师留下深刻印象。

六、手语舞蹈　整理放松

课的结束部分,安排女生表演手语舞蹈《我要飞得更高》并带领全班同学进行手语舞蹈的练习，使学生在学一学、舞一舞、乐一乐中恢复身心。

设计意图：发挥女生特长，彰显学校特色，进行德育渗透，继而恢复身心。

最后师生共同评价，学生谈体会谈感受，教师适时表扬并发锦囊，锦囊里有一些课后作业、健康小贴士、鼓励语言等内容，使学生愉快地结束本课。

【课例评析】

评析1：《聋校义务教育课程标准》强调要以学生发展为中心，始终要把学生主动发展放在主体地位。本案例教师尝试采用自主先练、小组合作、交流展示、质疑拓展等环节进行教学，激发了学生的学习兴趣。通过分组活动，为学生个性能力展示提供了平台，如：分组创编球操、球性练习、运球、传球的不同方法的选择，培养了学生的组织能力和表现欲。通过小老师、小裁判、小舞蹈演员等“兵教兵”针对性的辅导，保证了学生能共同完成学习目标。

评析2：赵老师在本课教学中改变了传统的体育教学模式，课上强调学生自主学习，安排了大量激发学生自主学练的时间和空间，并渗透到课堂教学的每一个环节，让学生多一些想象、多一分自主创新的主动权。通过自主学、合作学、讲出来、教别人等方式真正让学生成为学习的主人，每一个学生都能在学习中收获快乐、收获自信、收获成功。本课德育渗透于点滴处，赵老师反复强调互相帮助、相互合作、不要怕累，最后选用舞蹈《我要飞得更高》，鼓励学生要坚强面对生活。

评析3：教师通过一材多用，一材巧用，以“球”为主线贯穿全课堂，围绕“球”来发展学生的创新精神。课的开始，赵老师巧妙设计“闪亮登场”这一舞台情景，接着利用球做各种球操和熟悉球性的练习，使学生对球产生兴趣，为下面教学内容做好了铺垫。整节课课堂气氛活跃,学生能在乐中学,在学中乐,使教与学和谐自然。通过小组合作、讲给同伴听、做给同伴看,全班同学掌握了篮球技术,提高了身体素质,发展了各种能力,养成了良好习惯,为终身体育打下了坚实的基础。

评析 4:本节研讨课以“学讲计划”下“教育融合”课堂实践探究为主题,整节课通过“做、学、教”教学模式,呈现出以学生为主体的师生互动和生生互动的教学环节,有效地达成教师预设的以学生为主体,培养学生组织能力、合作意识和创新精神的教学目标。教学过程中将游戏与教材有机结合,收放结合、寓练于思、寓教于乐,使特殊儿童也感受到了体育的快乐,充分发挥了学生的主观能动性,在赞叹赵老师关心、爱心、细心的同时,更赞叹课上学生的精彩表现。本节课体现了“学讲计划”模式下的课堂,体现了课堂教学的改革,提高了学生自主学习和探究合作的意识。

评析 5:通过赵老师这节课的教学,可以看出赵老师扎实的教学基本功和不断学习、与时俱进的精神和追求。“通过何种路径与方法,打造高效体育课堂”一直是体育工作者关注的话题。赵老师这节课告诉我们,提高课堂效率是解决这一问题的根本途径。要想达到课堂高效教学的目的,克服影响有效教学的不利因素,找出有效教学的路径与方法,首先,教师能立足于新课程理论的分析和研究,让教学内容和教学方法与手段的选择,既符合学生身心特点和发展需要,又切合教材自身特点。其次,教师还要自觉提升自己驾驭课堂的能力,善于掌控教学节奏,捕捉“共鸣点”,让教学流程与学生活动产生合拍共振,使阳光和智慧充满课堂。只有这样的课堂,才能点燃学生的情感火花,唤起学生的求知欲望,调动学生参与活动的积极性,让课堂焕发生命的活力,促进有效教学。

【问题与讨论】

针对这节课,小组成员展开热烈研讨,在肯定诸多优点的同时,也发现了一些共性的问题。

1. 有的教师认为在新授课中过分强调合作学习没有很好地发挥教师的主导作用,教师如何发挥主导作用,导的时机的把握是今后教学中需要改进的。

2. 合作学习分组形式值得商榷。本节课采用的是随意分组,根据学生喜好和水平自主结合。有的教师提出异质分组更好,但根据以前课堂情况看,异质分组虽然能让优秀学生帮助后进生学习,但也造成了优生过分展示、后进生站课的不良现象。在不同班级、不同课型、不同教材内容等条件下,如何科学分组能使教学效果更好,还有待于商榷。

3. 合作效果与评价存在争议。体育课是以身体活动为主要手段的教学组织形式,由于学生的身体素质不同,课堂评价不像其他科目较容易量化。体育课上,有时候为了让学生体验到成功,我们会降低目标,巧设目标。如:练习跳远时,体质稍差的学生可以设置近一些,素质好的学生则设置远一些,只要达到设定目标就是优秀,这样做的目的是让不同的学生都能体验到进步、成功。在今后的体育课教学中,如何评价学生的达成度及效果,值得我们去思考。

【诠释与研究】

根据以上问题与讨论,我们努力寻找共同点,究竟什么是合作学习?如何进行小组合作?在合作中教师的作用如何发挥?笔者查阅了许多资料,比较推崇美国约翰逊兄弟对合作学习的定义界定:合作学习就是在教学上运用小组,使学生共同活动,以最大限度地促进他们自己以及他人的学习。“合作”是一个宽泛的概念。合作学习可分为师生互动、师师互动、生生互动、全员互动。合作学习的优越性是能激励学生发挥自己的最高水平;能促进学生在学习上互相帮助、共同提高;能增进同学间的感情交流,改善人际关系。

但在合作学习中如果合作不当也有其不足:一方面,在合作学习的小组活动中，学生会由于意见不同而产生分歧，有时容易造成内耗。教师要发挥主导作用，对这一现象及时采取合理的措施。另一方面，合作学习虽然能培养学生的集体荣誉感，可是，小组间在激烈的竞争中容易产生矛盾，易造成小集体主义倾向，不利于各组间的交流与合作。教师应适时进行德育渗透，让学生形成正确的竞争心态和竞争意识。

【困惑与思考】

1. 学讲模式下的课堂教学，合作学习是每节课都必须进行的吗？是不是没有了合作学习的课堂教学就不能称其为符合学讲模式的课堂？

2. 合作学习中，组间和组内成员的关系和任务是否有区别？各个小组成员和每名成员的角色分工是固定的还是有变化的？

3. 小组的组成是随机的还是有设计的？是同质分组好还是异质分组好？自主结合进行分组效果如何？

4. 合作学习之后的成果评价应该怎样进行？评价的指向是什么？代币奖励评价方法是好处多还是坏处多？

（本课例获2014年徐州市“科研杯”优秀教育教学论文二等奖；
获2015年中国教育学会信息技术与学科整合课一等奖）

亲爱的篮球

——“三攻二与二防三”课例分析

【课例背景】

本节课设计适逢党的十九大胜利闭幕，习近平总书记在十九大报告中提出办好特殊教育；努力让每个孩子都能享有公平而有质量的教育。本课立足于“健康第一”的指导思想，体现聋校体育与健康新标准、新理念，解决残疾学生的体育诉求和需要，保障残疾学生的体育权利，充分发挥学生的主体地位，培养学生的合作精神和合作能力，提高学生参与学习的兴趣，使学生掌握1～2项运动技能。

【课例设想】

本节课主要教学器材是篮球，以球为主线贯穿全课堂，在课上全面贯彻“快乐体育、健康第一”的指导思想，以大力推进“学讲计划”的实施为契机，坚持以学生的发展为主体，充分发挥学生的积极性、主动性、创造性，使学生在自主学练和小组合作学习中通过做、讲、练、教等环节真正达到教学相长。作为特殊教育的教师，如何实施“学讲计划”，把学习的主动权还给学生；如何能把学生的所想通过另一种方式表达出来，使他们能在自主、合作、探究学习中学进去、讲出来，从而真正掌握知识、形成能力，是我们所要探讨的重要问题。

本节课以学生为主体，以培养学生的组织能力、合作意识和创新精神为目标,充分发挥学生的主观能动性,教学过程中淡化技术技能的教学。将游戏与教学器材有机结合,在教学中运用多种方法培养学生的合作、创新、实践能力,从而促进学生的身心全面发展,力求为学生今后的体育锻炼、生活、学习及终身体育打下坚实的基础。

【过程描述】

教师播放视频材料“亲爱的篮球”。

学生由小组长带领欣赏微视频,讨论导学卡问题,完成导学卡,从而激发学生的篮球兴趣。

教师根据微视频内容进行导入:

亲爱的同学们,刚才的短视频曾经获得奥斯卡金奖,故事内容是世界著名篮球运动员科比从一个怀有篮球梦想的6岁男孩到一名篮球运动员的蜕变。这个视频告诉我们,人都要有梦想,要有为了梦想而勇于拼搏的决心和信心。

设计意图:通过讲述美国篮球运动员科比的传奇故事,激发学生的兴趣和唤起学生的梦想。

教师导入篮球“三攻二与二防三”。

学生用身体各部位,如头、膝盖、腿等部位书空。

设计意图:进一步使学生明白本课学习内容,通过运用身体各部位书空进而活动各关节,做好准备活动,以防受伤,为下面的学习做好铺垫。

教师组织复习已学运球、传球技术。

学生自主左右手运球→学生的手互相搭在肩上“并肩作战”运球→追逐运球→运球过人上篮→双人传球上篮→“二攻一”及“一防二”的复习。

教师在复习过程中及时点拨,发现问题个别辅导。

设计意图:复习已学篮球行进间运球和各种传球技术,从易到难,从个人运球到团队运球,不仅复习了篮球技术,也培养了学生的团结协作能力。通过复习“二攻一”“一防二”，逐渐过渡到“三攻二”，遵循循序渐进的教学规律，有益于新技术的掌握。

教师利用篮球战术板讲述“三攻二与二防三”的基本进攻阵型，即中间队员拖后，两侧进攻队员快下拉开，形成“三角形”，扩大进攻面的阵地，有利于学生理解战术。

学生认真观看教师讲述，表达能力强的小助手帮助教师进行分组再次讲述。

教师组织学生攻防战术演练，强调“三攻二”和“二防三”的方法，跑位及防守技术的灵活运用。

设计意图：利用篮球战术板并配以学生的攻防战术演练，多种方法并用，能使各个层次的学生更直观地掌握攻防技术配合方法。

教师指导第一组和第二组同学分组练习，并巡回指导。

小组长带领学生分组练习，适时进行兵教兵，及时帮助后进生完成新授内容的学练。

教师引导学生拓展到快攻“三打二”的战术。

学生自主出列展示，集体讨论。

设计意图：通过分组练习提高学生的篮球基本技术，培养学生的自主学习能力和小助手的组织能力。异质分组能让篮球技术好的同学进行“兵教兵”教学，帮助后进生共同进步。

教师组织学生放松，旁白“亲爱的篮球”。学生在“小老师”的带领下呼吸操的拉伸放松。接着师生评价，学生谈体会谈感受，教师适时表扬。

设计意图：首尾呼应，进一步强化学生对篮球的兴趣和梦想，进而恢复身心。

【案例的基本理念】

一、体现“快乐体育”的指导思想

快乐体育是让学生很好地掌握运动技能和身体锻炼的同时，能够体验到运动和体育学习的乐趣，从而为学生终身体育服务。快乐体育教学中重视爱的教育、美的教育与各项运动所独具的乐趣，强调学习兴趣与创新性学习，寓教于乐，是教育艺术的最高境界，也是成功教育的必由之路。

二、体现自主学练与合作学习的教学理念

在体育教学中给学生留有适当的时间和空间，引导学生积极思考、大胆创新，充分发挥个人在小组中的主观能动性。在自主学习的基础上体育课堂教学更应体现合作学习，在合作学习中，使小组成员发挥特长、能力，彼此互学、互助，共同达成学习目标。本案例的教学，学生根据分组，在教师的辅助、引导下，小组成员间展开互相配合、互相帮助的合作性学习，通过小组间的展示共同达成教学目标，促进了学生在认知、情感、心理和社会适应等方面健康和谐的发展。

三、体现创新教育理念

创新理论认为，课堂教学要确立全新的理念及策略。要培养学生的创新能力，教师首先要以创新为核心，具有强烈的课堂渗透意识、教学潜能意识和训练意识，发挥学科优势，培养学生的创新思维。本案例从课的“写字操→并肩作战→断球追逐→小助手分组教

授→放松操”等活动，无论从场景的设置、队形的排列、教学方法的运用等都体现出“创新”二字。

【课例反思】

1. 过分关注他人对课堂纪律的评价，平时培养小助手时，使小助手过于严厉，不经意扼杀了个别学生的表现欲。例如，在书空写字操部分，完全可以放手让学生自由发挥，采用你写我猜、你写我仿等形式。

2. 小部分学生进攻时三步上篮的动作不够规范，如果能及时复习巩固效果会更好，课外要加强三步上篮技术的复习巩固。

附教案：

亲爱的篮球：三攻二与二防三

学科	体育	课题	亲爱的篮球： 三攻二与二防三	时间	2017 年 12 月
授课 教师	赵美娟	部班	聋部　职高二	课型	实践课
教材 简析	篮球运动以技战术和身体练习为主体，是聋校中学生喜爱的运动项目之一，它具有集体性、竞争性、对抗性和观赏性的特点，对健身、育心、增智都非常有益。高二教材选编的内容有低手投篮、跳起空中传接球、抢篮板球、攻防对抗、半场人盯人防守等。两人之间的简单配合是篮球战术的基础，更是全队配合的基础，通过学练简单的战术配合，在使学生各方面身体素质得到提高的同时，更重要的是培养学生建立配合意识，提高合理运用篮球技战术的能力，力争不同差异的学生都能根据自身特点发挥各自的长处并能收获运动的快乐，从而调动学生学习的主动性和积极性，使学生在学习中不断去尝试、去竞争、去感受，对促进聋生身体发育和培养优良品质具有重要意义				

表(续)

学情分析	本节课的教学对象是高二年级学生,他们的身体素质虽然各不相同,但表现欲特别强,大部分学生较喜欢篮球运动,基本掌握了篮球运球、传球技术。由于听力的损失,他们的学习主要靠视觉来完成,模仿能力很强,具备一定的自学、自练能力,更可喜的是学生之间沟通无障碍,能更好地进行“兵教兵”、合作性的小组学习等,为完成学讲计划打下了坚实的基础。 本次教学任务,首先要培养学生建立篮球配合意识,解决平常活动中大多数学生只会“单打独斗”,从不讲求配合的现实问题,提高学生对篮球运动的理解水平,使其更合理地运用已掌握的篮球基本技术。其次,在锻炼身体的同时,全面提高学生的篮球技战术水平,并使他们充分体验参与篮球运动的乐趣
教学理念	合作学习　探究学习　快乐学习
教学目标	1. 学生能理解三攻二和二防三战术的练习方法和攻防意图,能说出简单的篮球比赛规则。 2. 80%以上的学生能掌握篮球运球、传球的方法;60%以上的学生基本掌握三攻二和二防三战术的配合方法。 3. 学生愉快参加学练、自主实践和探索,大胆尝试和运用基本动作,在学习中能做到主动帮助同伴,在群体中相互协同和交流,培养团结协作的团队精神
教学重点	篮球三攻二和二防三的配合方法,要做到持球突破,空位传球。快速上篮,防守队员能选择有利位置,合理运用各种防守动作
教学难点	在实战中能灵活运用攻防战术
教学准备	微视频、篮球6只、导学卡、小标志物、战术板

表(续)

教学过程	教学环节	教师活动	学生活动	设计意图
导入部分	集合整队	1. 播放视频“亲爱的篮球”。 2. 向学生问好。 3. 导入本课“三攻二、二防三”学习任务	1. 学生分组欣赏视频。 2. 向老师问好。 3. 回答老师的问题,明确本课任务	通过讲述著名篮球运动员科比,从一个6岁男孩到篮球运动员的传奇故事,激发学生兴趣,唤起学生的梦想
准备部分	1. 写字操:“亲爱的篮球”。 2. 复习巩固。运球、传球	1. 讲述写字操的方法。 2. 组织学生复习行进间运球。 3. 点拨行进间运球过人。 4. 提示行进间传球上篮的方法和要求	1. 学生分别用手、头、腿、膝、全身书空。 2. 学生依次进行行进间运球,“并肩作战”运球、追逐运球等行进间运球。 3. 学生依次进行行进间运球突破上篮。 4. 学生行进间运球过程中进行胸前传球、地弹球、高手传球练习	1. 写字操设计让学生通过书空进一步爱上篮球,并能初步活动各关节以防受伤。 2. 复习已学篮球行进间运球和各种传球技术,培养学生的团结协作能力,为新授课教学奠定基础

表(续)

基本部分	讲授“三攻二、二防三”战术的基本进攻阵型,即中间队员拖后,两侧进攻队员快下拉开,形成“三角形”,扩大进攻面	1. 组织复习“二攻一、一防二”战术。 2. 利用战术板讲述“三角进攻阵型”(●:进攻,④⑤防守)。 3. 通过手语与篮球战术板相结合的方式进行各个攻防战术的讲解示范。 4. 组织学生攻防战术演练,强调“二防三”基本进攻阵型:一人防守有球队员;另一人既要控制篮下,又要兼顾其他两名无球队员。 5. 观察指导,个别辅导。 6. 教师巡回指导。 7. 组织学生评议。 8. 拓展快攻“三攻二”	1. 学生分组练习“二攻一、一防二”战术。 2. 认真听讲,积极提问,了解基本攻防方法。 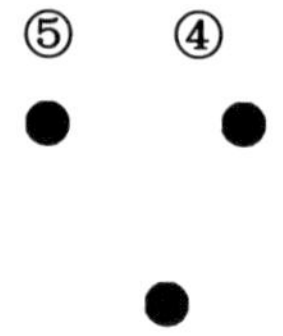 3. 认真听教师讲解,并配合教师示范掌握进攻重点:持球突破,空位传球,攻击篮下。 4. 理解防守队员平行站位的进攻方法及前后站位的进攻方法。 5. 学生攻防战术演练:随机抽取5名同学对讲解的战术进行现场模拟。 6. 5人一组异质分组进行练习,学生能互相帮助。 7. 展示阵地“三攻二”,集体评议;。 8. 认真配合快攻“三攻二”演练	1. 通过复习“二攻一、一防二”,逐渐过渡到“三攻二、二防三”,遵循循序渐进的教学规律,有益于新技术的掌握。 2. 利用篮球战术板并配以学生的攻防战术演练多种方法并用,能使各个层次的学生更直观地掌握攻防技术配合方法。 3. 异质分组能让篮球技术好的同学进行“兵教兵”,帮助后进生共同进步。 4. 给乐于表现的学生展示的机会,树立学生的自信心; 5. 从阵地攻防拓展到快攻攻防,为下节课学习奠定基础

表(续)

结束部分	拉伸，放松	1. 教师指导学生放松，旁白“亲爱的篮球”。 2. 师生评议，谈体会，谈感受。 3. 布置课后作业。 4. 宣布下课	1. 学生进行拉伸运动。 2. 谈体会和感受。 3. 投篮练习、小比赛。 4. 值日生送还器材	首尾呼应，进一步强化学生对篮球的兴趣和梦想，继而恢复身心
作业	篮球小比赛，三步篮练习			
教学反思	1. 为了激发学生的兴趣和唤起梦想，本课开始设计时使用微视频，后来经研究决定把攻防处的删掉，直接用篮球战术板及真人演练，从而更直观，效果更好。 2. 在教学中，开头准备部分书空“亲爱的篮球”，结束部分为了和开头首尾呼应，选用旁白“亲爱的篮球”进行呼吸拉伸的放松，成了本课的亮点，受到专家及听课教师的一致好评。 3. 不足：在学习攻防战术中忽略了三步上篮的复习，对学生分析不够，小部分同学掌握不太好，如果课上及时加以练习，效果会更好			

附导学卡：

亲爱的篮球：三攻二与二防三

一、情景教学

微视频故事名字叫：________，人物是________，内容________，故事告诉我们________。

二、写字操内容

“亲爱的篮球”，用全身、头、腿、膝等关节写一写。

三、三攻二和二防三战术的基本进攻阵型：观看微课

掌握中间队员拖后，两侧进攻队员快下拉开，形成三角形，扩大进攻面的基本阵型。

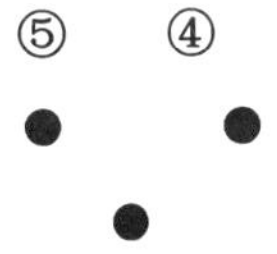

四、拉伸放松

▼ 旁白“亲爱的篮球”

亲爱的篮球

亲爱的篮球，
自第一次穿上父亲的筒袜，
想象自己在大西部论坛球馆，
投进制胜球时：
我，便确信无疑，我爱上你了，深爱。
故为你倾其所有，
我的心灵，我的身体，我的精神，我的灵魂。
六岁时，我便深深地钟情与你，
却从未见隧道尽头的一抹曙光，
只见自己不停奔跑的身影，
所以我不断奔跑，在每一个球场来回奔跑。
为了你，去追逐每一个争抢球。
你渴望我尽力拼搏，我便全心待你，因为你带给我更多收获。
我带着伤痛打球，汗流浃背，
不是因“挑战”呼唤你，而是你在呼唤，
我做的一切都是为了你。
若有人赋予你生命，正如你赋予我活力，
你亦会为其全力以赴。
你赐予了一个六岁男孩的湖人梦，
我会因此而永远爱你！
永远爱你！

（本课为2017年徐州市“三师工程”集体研修公开课）

走出孤独　寻找快乐

——问题学生陈某转化个案分析

2010年9月笔者接任了聋一年级教学工作，班级里的学生都是聋孩子。班里有一名学生陈某除了不会说话外，行为异常，走路时低着头，不敢正视他人，时常用手乱抓，上课总趴在桌子上，走路右腿有些硬，从不参加体育运动。针对该生的情况，笔者制订了一份详细的个别化教育计划。经过一年多的个别化教育，该生在学习、生活、参与活动等方面均有了很大进步。下面就对该生进行个案分析。

一、基本情况

陈某，男，10岁，家中长子，有一个弟弟。母亲在农村务农，勤劳能干，一人承包十几亩土地，弟弟跟母亲在县区上学。父亲长期在外打工。陈某从小跟随祖父母在市区生活，祖母怕他跑丢将他常年关在家中，与外界环境接触较少。陈某一年仅能见到父母一两次。

二、个案行为概述

1. 生活方面：吃饭、穿衣有些困难，大小便有时失常，但基本还能自理。

2. 学习方面:对知识的学习困难较大,运动时协调性较差,正常的体育活动不能参加,不能与同学一起游戏。动作模仿能力差,无法进行手语学习,每次周六回家后返校时都缠着祖母哭闹不停。

3. 思想行为方面:走路时低着头,不敢正视他人,自卑感较强。上课总趴在桌子上,眼望向窗外,思维极端反常,时而大哭时而傻笑,时而会出现用手乱抓的现象。其祖母说,他常常把母亲的照片用小刀戳得乱七八糟,与弟弟相处很好。

三、个案分析

造成以上表现的原因是多方面的,主要有家庭、疾病和心理几个方面。

1. 家庭生活

陈某为早产儿,出生时只有两斤多。陈某一岁多时其母亲发现他聋哑,多次抛弃,被祖母捡回。陈某的母亲在偏远的农村承包土地,父亲常年在外打工,陈某很少能见到父母。陈某一直跟随祖父母生活,祖母溺爱陈某,陈某过着饭来张口,衣来伸手的生活。陈某的祖父母怕陈某外出不能给别人交流而跑丢,长期将其锁在家中。这种封闭的生活环境使陈某缺少与外界沟通交流的机会,不会与人交往,也不敢与人交往。

2. 疾病方面

陈某的临床表现,属于五迟、五软、五硬的范畴,属儿科难治之症。笔者大量阅读了有关脑瘫儿、自闭症及耳聋等方面的书籍,对比陈某的表现,并与其祖母交流,认为陈某不仅仅是单一的耳聋或自闭,而且伴有轻微脑瘫。

3. 心理方面

(1) 父母长期在外打工,造成了陈某爱的缺失,从而形成孤独自卑的个性。父母对陈某长期不管不问,使陈某产生被遗弃感,以致对父母怀有憎恨,出现用小刀戳母亲照片的行为。

(2) 祖父母因同情陈某而对其溺爱,又没有好的教育方法,刚开始陈某养成了过于任性过于依赖的坏习惯。

(3) 陈某的祖母说陈某曾在一所私人学校就读,刚开始陈某比较高兴,半年后,陈某看见生人就大哭,表现出极度的恐惧。学校生活的不适应,是造成陈某自卑、害怕与人交往的主要原因。

四、个案辅导

针对陈某情况,笔者详细地制订了个别化训练计划,选择了下列方法对其进行行为矫正。

1. 认同法

首先要让陈某认识我、不怕我、喜欢我。笔者经常去教室给学生们剪指甲、发糖果,借着这些机会笔者亲自给陈某喂水喂药,让他从心理上逐渐接纳我,有事、有困难知道来找我,认同我是他可以信赖的人,为以后个别化训练做好铺垫。

2. 游戏法

游戏是学生们比较喜欢的活动,根据陈某的实际情况笔者设计了多组游戏:培养注意力的游戏,如找不同、记数字等;动手动脑游戏,如拼图、夹弹珠、挽手绳等;运动性游戏,如抛接球游戏、跳绳、钻圈、拍球等;合作性游戏,如多足行、划旱船、双龙戏珠等。在游戏中,使陈某扩大同外界的联系,逐步促进感知觉和思维的发育,改善身体的协调、柔韧、灵敏等各种素质。

3. 代币法

训练期初,练习几次拼图后陈某就烦躁不安、哭闹耍泼,不愿意配合,后笔者了解到陈某对糖果、果冻感兴趣。于是,每次在做个训前,笔者都准备好奖励物品,看他表现情况,适时给予奖励。代币物有时在训练前出示,起到诱导作用;有时在中间出示,起到调动作用;有时在最后出示,起到奖励作用。笔者发现此方法只适用于行为矫正的开始阶段。

4. 榜样示范法

榜样的作用是无穷的。在对陈某进行个别化训练时,为了使其更好更快地掌握方法,笔者选出本班两位优秀的同学,与陈某一起训练。同学间所表现出来的好思想、好行为是他们比较熟悉的,容易被他人信服,也易于效仿和学习,并且同学之间较容易沟通,没有代沟。如在训练传球时,笔者先让两位优秀同学传来传去做出示范,继而让陈某传给另一位同学,使陈某在同伴的带领下逐步进入角色。

5. 沟通法

笔者经常与陈某的家长进行联系,特别是与他的母亲经常沟通,给她讲一些教育孩子的方法和成功教育案例,及时加强学校与家庭的联系,保持双方教育的同步性。学生受家庭、社会和学校等多方面因素的影响,不同群体对他们的要求不同。由于学生识别能力差,不能分清是非,对各种要求无所适从,在一定程度上导致了行为上的片面性,出现所谓的“病态”心理。针对这种学生,必须及时地同家庭联系,共同寻找生“病”的根源,对症下药,通过同步的关心、引导、督促等手段逐步恢复学生的心理健康。同时，帮助家长树立起教育孩子的信心，让家长感到学校与社会想帮助他们，让家长与学校共同担负起教育孩子的责任。

6. 按摩法

按摩法就是在人体表及经络穴位上运用各种推、揉、拿、拨等手法，帮助患儿舒筋活络、活血化瘀、解除肌肉痉挛和改善肌肉萎缩等。为了让陈某家长懂得按摩法的益处，笔者推荐陈某母亲《脑瘫儿的疗育》《按摩手法》等书，并给她讲授按摩疗法的作用。按摩法无服药之不便、针刺之痛苦，陈某很快便接受这种方式，收到很好的效果。

五、辅导效果

经过一年多的个别化训练，陈某发生了以下变化：

1. 动作能力

陈某手指较以前灵活了，能和同学一起玩手绳、穿针、夹弹珠、钓小鱼等精细操作。同时，陈某的协调能力有所提高，能做5～8米的单足跳，能做简单的徒手操。

2. 认知能力

陈某能看图片、手语写出“马”“牛”“妈妈”“爸爸”等简单的字词，能进行3～5块图形拼搭，能认识数字1～10，上课看老师的时间比看窗外的时间多了。

3. 双语能力

陈某能打出简单的手语，能看懂家长、教师的部分手势，有张嘴说话的欲望，回家能把所学的知识写给家长看，能用手势表达自己的意图，如不舒服时拉老师去卫生室；周六会问班主任要出门证回家。

4. 生活自理能力

陈某能自己打开水、买饭、洗碗，比较讲卫生，知道衣服脏了换衣服，自己洗的衣物知道及时收放，不乱扔垃圾，回家知道帮奶奶爷爷扫地、铺床，尿裤子的现象不再频繁。

5. 情绪情感

陈某乱叫乱哭的现象少了，能正确表达自己的喜怒哀乐，笑的时候多了，哭的次数少了，别人欺负他时知道还手，知道和老师说再见，想家时知道让老师打电话，能与同学一起打扫卫生，摇长绳、翻手绳。但是，仍喜欢独自一人看着远方。

六、反思

“教育要关照到每一个残疾儿童”，这是当代世界教育公平与教育民主思想在聋教育领域中闪耀出的精神之光，也是我国现今聋教育改革与发展的一个时代主题。《学习的革命》一书中有这样一句话：如果一个孩子生活在鼓励中，他就学会了自信；如果一个孩子生活在认可之中，他就学会了自爱。面对陈某的进步，让笔者更加认识到爱的作用、集体的力量、科学方法的重要性。因而，教师要做个有心人，针对类似陈某这样的学生要循循善诱、因材施教，不可操之过急，老师不要把注意力集中在孩子的不良行为表现上，要更多地关注孩子的优点和特长，使其一步步放开自己的心绪，慢慢地将自己融入集体中去，一点点感受大家给他的善意，通过多元评价、活动参与，使其走出孤独，寻找快乐。

（本文发表于《科学大众》2017 年第 10 期，收入本书时略有改动）

传好手中的火炬

——致徐州市特殊教育学校成立70周年

毕淑敏说:趁阳光正好,趁微风不燥。趁繁花还未开至荼蘼,趁现在还年轻。还可以走很长很长的路,还能诉说很深很深的思念。去寻找那些曾出现在梦境中的路径、山峦与田野吧！年轻的教师们,现在启程还来得及,让我们擎好手中的火炬,追随青春的梦,一路欢歌,一路前行。

打开尘封的记忆,儿时的纯真又一次出现——望着年轻、帅气的启蒙老师,无限的遐想便会浮现在眼前:有朝一日,三尺讲台上的人就是我,面对一双双求知的眼睛海阔天空地谈,牵着一只只小手自由自在地飞……太阳总在有信念的地方升起,为了这个信念,我努力,我攀缘,终于长大后我就成了你,才知道那块黑板写下的是真理,擦去的是功利！师爱是师德的核心。爱是教育的基础。有学者认为,疼爱自己的孩子是本能,而热爱别人的孩子是神圣！因此,教师对学生的爱在性质上是一种只讲付出不计回报的、无私的、广泛的且没有血缘关系的爱,在原则上是一种严慈相济的爱,这种爱是神圣的。这种爱是教师教育学生的感情基础,学生一旦体会到这种感情,就会“亲其师”,从而“信其道”,也正是在这个过程中,教育实现了其根本的功能。因此,师爱就是师魂。在爱的信念下,20多年来,我看到了老前辈艰苦卓绝的奋斗史,白手起家、共铸辉煌的创建史,看到了一个个特教人爱生、创优、奉献的工作史,我们怎能不由衷地感叹:特教人我为你自豪,我为你骄傲!

徐州市特殊教育学校,从一个私塾学校到铜山聋校,从最初的几间矮房到现在的楼群耸立,从几个师生到如今的上千名师生,从一个不知名的农村学校到今天的省级模范学校、现代化示范学校,已经经历了70年的风雨。

伴随着徐州市特教学校的创建、发展和壮大,徐州市特教学校由小、少、差,一步步走向做大、做强的征途中,特教人昂首阔步走上普通人的讲坛,融入主流社会的教学中,部分学生已经踏出国门,走上奥运会的领奖台。

作为新世纪特教人,首先,我们要了解特教。很难想象,一个陌生的根本不了解特教的人,会为了她而奋斗牺牲,会为了她而无私奉献,去关爱这群特殊学生。只有了解特教的领导,特教的老师,特教的特殊学生,特教学校的每一个角落、每一个感人的事迹,才会从这个群体中受到爱的感染,才会从心底生发一种愿望:我也要到特教学校来,将自己的青春化作踏实的奋斗,继续铸造特教的辉煌。其次,我们要学习先进的教育教学知识,勇攀特教高峰。可以肯定,未来的世界一定是一个充满竞争的科学技术时代。我们的学校要想雄踞于全国特教之林,在激烈的竞争中独占鳌头,必须有先进的科学技术和办学特色作保障,要想实现再铸徐州特教辉煌的夙愿,就要靠你、靠我、靠他,靠我们特教大家庭的每位成员立足本质,努力探讨,开拓创新,去创造更好的教学方法,创想更好的办学思路。

作为特教的一员,二十几年来在爱的教育下,我收获了累累硕果,我所带的学生都很爱我、爱我教授的知识,学生在各级比赛获奖500多项(次),我也在教学中取得了很多荣誉。教师是平凡的,不像农民,种瓜得瓜,种豆得豆;不像商人,出卖商品,收获金钱;不像科学家,能创造出惊人的杰作;不像设计师,能设计出新颖的服装……我们只能在三尺讲台上,默默地耕耘着自己心中谁也无法理解的田地。

作为年轻的特教人,尽管年轻使我们缺少成熟,缺少经验,没有许多所谓的资格、资历、资本,但是,我们清楚,机遇面前人人平等。市场经济不相信资历,竞争面前不分老少,面对滚滚的新世纪浪潮,即使再成熟的水手,倘若没有充沛的精力、崭新的知识、超凡的智慧和团结协作的精神,同样随时面临灭顶之险!

尽管,年轻使我们缺少阅历,显得稚嫩,常常犯错,甚至遭遇困惑,但是,我们应该相信,年轻也使我们获得许多谅解、同情与提携,从而使我们最终赢得一次次披挂上阵、杀出重围的机会。年轻使我们拥有更多的时间来磨砺自己,克服困难、弱点,调整坐标,重塑生命,迈向辉煌!

透析生命成功的轨迹,我们不难发现,年轻时所走的路正处于蜿蜒曲折的上升期。因此,行路的艰难与生命终点的不定性,使我们注定选择奋进与拼搏,而丝毫不能选择退缩与怠慢,年轻的我们千万不要浪费一分一秒,我们只能时刻自省、自警、自立、自强!只有这样,才能克服自我,战胜自我,放弃平庸,选择伟大,进而走向生命的巅峰!

教育工作是辛苦的,教师每天都进行着大量平凡琐碎的工作,日复一日,年复一年,备课,上课,批改作业,管理班级……重复性劳动,单调而缺乏新鲜感、刺激性。但是我们应该立足当下,着眼未来,以苦为乐,甘于寂寞,勤勤恳恳,充当人梯,负起我们这个时代光荣而艰巨的任务。为特殊学生着想,为家长分忧,对特殊学生负责。为了不让这些特殊学生成为社会的包袱,我们应该对每一位学生负起责任,必须关爱学生,尊重学生人格,促进他们在德、智、体各方面全面发展,成为自食其力的劳动者。

虽然教师在物质上并不一定富裕，但我们在精神上是充实的。我们是春天播撒种子的人，我们心中有着秋收的期盼。有谁能像我们一样，天天面对的是一张张可爱的笑脸，一双双晶莹的眼睛，一颗颗透明的心，一个个青春的梦？有谁能像我们一样，一举手，一投足，一丝美丽的微笑，一个鼓励的眼神，一句关切的话语，就能拨动一根根美妙的心弦，就能带给他们无限的欢乐？

“世界是你们的，也是我们的。但归根结底是你们的。”历史的责任与重担不免使我们的脚步增加了几分凝重感。特教人，我们加油吧！江山代有人才出，世界接力有来人。只有我们竭尽全力、真诚付出，让前辈交予的文明火炬在我们手中熊熊燃烧，再小心翼翼地传给比我们更年轻的一代，我们才能前无愧于古人、后对得起来者！

附　　录

体育让他们成为生活的强者

残疾人奥林匹克运动会，又称帕拉林匹克运动会，始办于1960年，是由国际奥委会和国际残疾人奥林匹克委员会主办的、专为残疾人举行的世界大型综合性运动会，每4年于夏季奥运会之后举办一次。根据北京残奥会火炬传递方案安排，残奥会采火仪式将于2008年8月28日在北京天坛举行。9月6日晚饭后不久，我校学生便来到餐厅里，端坐在大电视机前，不停地寻找着一个个节目，唯恐错过了观看时间，原来他们是在等着收看北京残奥会开幕式。

残奥会采火仪式上那个推着金晶取火种的小女孩，是我校的程城同学。去年，她被选入中国残疾人艺术团，这位酷爱舞蹈的学生的目标就是参加北京残奥会开幕式。9月6日，她的愿望终于实现了。尽管大家没有在聋人手语舞中找到她的身影，但却为她送上了最热烈的掌声。

为了参加开幕式演出，小程城付出了很多。一次，她的父母都上夜班，她自己在家训练时，把自己的腿绑在床上，以增加难度，谁知绳子系成了死扣，她动不了，又没有办法叫人，只好等到父母下夜班回来,而那时,小程城的两腿已满是鲜血。原来她为了弥补自身的不足,采用强制性的方法来训练自己的柔韧性,为的就是在开幕式上有好的表现。像程城一样,参加残奥会开幕式的张凤娇、周寒俏都为残奥会开幕式付出了很多,但他们心里却非常开心,并感到了无上的光荣。

今年学校运动社团组织报名时,学生们的手举得高过以往:“我参加足球”“我参加篮球”“我参加羽毛球”……就连最枯燥乏味的田径社团人数也比往年多了不少,一些学生唯恐自己选不上,边举手还边嚷嚷:“老师我不怕累”“老师我跑得快”。

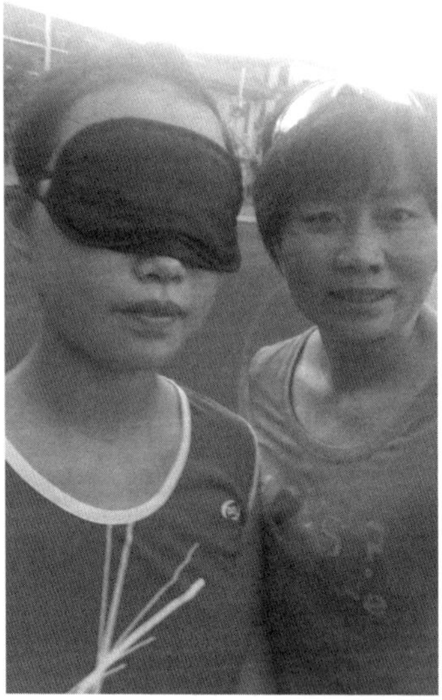

北京奥运会、残奥会的召开,带动了我校学生的体育热情。操场上到处都有学生的身影:跳绳的、踢球的、抖空竹的,还有老鹰捉小鸡、划旱船、跳竹竿舞的,每到阳光大课间和文体活动时间,就是学生们最快乐、开心的时刻。在盲聋合作的训练中,聋生用一根友谊之绳紧紧拉着盲学生,一边帮助他们纠正技术动作、提高训练成绩,一边还要负责他们的安全。聋队的董金革同学引领盲队的赵成刚同学参加800米比赛,起跑时不小心脚被钉鞋刮破,领跑完后,他的一双鞋都被染成了红色,可他却满不在乎地说:“800米比赛要跑很长时间,不能因我而放弃。”正是这种团结合作的友爱之情,这种身残志坚的拼搏精神,把我校学生都锻炼成了生活的强者。

(本文发表于《中国教育报》2008年10月7日,收入本书时略有改动)

奥运在残疾孩子心中

3 年前，笔者收到了我校盲班五年级李亚同学的一封信，信是这样写的："很长一段时间以来，我一直想去找您，但几次到您办公室门口都没有勇气迈进大门。从我在广播里听到徐州籍运动员汤奇在世界杯比赛中打破世界纪录的那一刻起，我就下定决心，参加您的运动队。我把想法说给同学们听，他们都笑我异想天开，说我一个全盲的孩子天生不适合当运动员。这些我都知道，但我有信心，一定能成为一名残疾人运动员，说不定还能参加北京残奥会呢。今天我鼓足了勇气写这封信，希望您能让我参加训练队，我一定会比别人付出更多。"

读完这封信，笔者的心情久久不能平静。一名五年级的残疾学生对体育、对奥运有着这样的追求和梦想，作为一名特殊学校的体育教师，笔者感到了深深的震撼。于是，小李亚成了我们运动队的一名新成员。

寒来暑往，转眼 3 年时间过去了。当年那个身体弱小、视力全盲的李亚，现在已是江苏省残疾人田径锦标赛第二名、江苏省残运会盲人门球比赛第三名的获得者。

李亚的成功是学校体育工作的一个缩影，在这所集康复教育、融合教育、聋教育、盲教育及残疾人职业培训为一体的全日制综合性特教学校里，学生们正通过开展各种各样的体育活动抒发着对北京奥运会和残奥会的期盼。

融合部的小学生们在操场上欢快地跳着皮筋，转着呼啦圈，跳着他们自编的舞蹈“花团锦簇”。一张张小脸上没有残缺的自卑，都充满了甜蜜的欢笑。虽然我们的学生身有残疾，但他们的心却和全国人民一样盼望着北京奥运会和残奥会的胜利举办。在梦想奥运的同时，学子们也在用参与体育活动的实际行动迎接奥运。

看着学校里这些身残志坚的学生，笔者暗下决心，同学们，老师会永远和你们手拉手追求美好的希冀和理想，向着更高、更快、更强的目标迈进，即使九百九十九次失败了，还有一千次呢……加油吧，同学们！

（本文发表于 2008 年 5 月 29 日《中国教育报》，收入本书时略有改动）

点燃希望　和梦一起飞

我的心能听到，你们用掌声给予我的欢呼。
没有眼睛还有美丽的太阳，没有手臂我还有翅膀。
流转的光阴是时间的旅行，带我飞……给我希望。
你们伸出的手就是我的力量。
连在一起就种下了灼热的火种，用友爱点燃不灭的传奇。
只要有勇气，一点缺憾同样美丽。
我好想有双美丽的翅膀，带我飞向“鸟巢”，飞向“水立方”。
同一个世界、同一个梦想，
相信总有一天，所有梦想都开花……

这是徐州市特殊教育学校盲部孩子自编自唱的歌曲《我有一双美丽的翅膀》。这首歌抒写了他们对残奥会的无比向往和追求。同一个世界、同一个梦想，我们追求美，我们追求完美，然而，那断臂的维纳斯令人心醉，那种因残缺而更显美丽的魅力震撼人心。如果说奥运会诠释了“力量与美”，那么残奥会则延伸了“力量与爱”。奥运会的闪亮之处是力量，是智慧，是技术；残奥会的动人之处是克服困难的勇气，是挑战生命的决心，是直面人生的坚强。残奥会，一个残疾人竞技的舞台，一个残疾人展示顽强精神的舞台，一个残疾人对抗命运的舞台，它，使人落泪；它，使人心醉，它点燃了我的追求和残疾学生们的希望。

是呀！百年奥运，燃烧着亿万人的梦想。残奥会让徐州市特殊教育学校的这群残疾的孩子魂飞梦绕，他们心系残奥会、情系残奥会。面对这些向往参加残奥会的学生们，作为他们的体育教练员的我无比惭愧，倍感肩上担子的重大，我的梦想就是能让我的队员们快速提高技术、战术，力争更多的队员能早日飞向残奥会的赛场。

牵手残疾人，走进残奥会。在徐州市特殊教育学校这片集聋儿康复教育、融合教育、聋教育、盲教育及残疾人职业培训为一体的全日制综合性特教学校中，每一个活动都抒发着他们对奥运的向往。

聋部学生虽然听不到残奥健儿的欢呼呐喊，可是他们看见了熊熊燃烧的奥运圣火。他们举行了以"团结一心，残奥在我心中"为主题的"跳长绳接龙""划旱船""手牵手"系列体育活动，每一个活动都体现了他们向往残奥会所形成的团结协作和不畏艰难的体育精神。融合部的小学生们在操场上欢快地跳着皮筋、转着呼啦圈、跳着他们自编的舞蹈，一张张小脸上没有残缺的自卑，满是幸福的甜蜜。职业班的大学生们在大练技术之余进行着紧张的篮球比赛，篮球场上的哨声、掌声和加油声汇集成一曲美丽的交响曲。

盲部的学生们虽然眼睛看不到，但他们正用嘹亮的声音赞美着伟大的祖国，抒发着他们对残奥会健儿的赞美与崇拜。聋人篮球队、盲人网球队在梦想残奥会赛场的同时，也在马不停蹄地苦练。他们不怕疼，不怕热，更不怕一次一次的跌倒，无数次的"披挂上阵"……

作为徐州市特殊教育学校的一名体育教师，工作20多年来亲自带过田径、门球、游泳、网球等运动队，也参与过残疾人的一些竞赛工作。只要稍微了解一些残疾人运动员的经历，他们付出的努力除了身体上与普通运动员的差距外，还有许许多多令人难以想象的困难，普通人不会明白他们刻骨铭心的人生坎坷，他们要战胜心理和生理上的双重“恶魔”，付出比普通人更多的汗水和泪水。他们中大部分不是职业选手，他们要赚钱养家糊口，他们大都是什么时间有比赛才临时集训。据局部地区调查，他们中大部分生活贫困，购买训练器材、训练服装、营养品的资金无法保证。但是，他们坚持了下来，并走到了今天，走到了残奥会的赛场，他们不愧为生活中的强者。我们更应为他们鼓掌、为他们加油、为他们喝彩！

面对残疾人，也许，我们习惯了。习惯了自身的健康，习惯了他们的存在，也习惯了对他们的漠视。或许没有思考到残缺意味着什么，因为我们从不曾体味过拥有残缺的苦楚；或许没有认识到残缺的不便，因为我们从不曾经历过这种不便；或许不知道接受残缺的过程多么困难，因为我们从未接受过这种残忍的酷刑；或许我们对他们的漠视来自不了解甚至不理解，而通过那些生活小细节才可知、可感的关于残疾的意义，健康人很难明白。残奥会，为残疾人提供舞台，展示自己，告诉他人——我能行！它让残疾人收获自信，收获荣誉，收获成就；它让他们卸去平常生活的不如意，通过体育收获快乐，收获成功！残奥会告诉我们，残缺不是耻辱，它让残疾朋友们获得了同普通人一样的权利，举办运动会的权利，参加体育运动的权利，获得尊重与荣誉的权利，获得掌声的权利，坦然享受阳光的权利……残奥会让我们看到了人的潜能无限，人可以多么坚强；残奥会将那些平常隐藏着的美德发掘，告诉我们残疾人朋友多么顽强，多么可爱，多么优秀，多么完美！

作为年轻的特教工作者，更应该和学生们一起，在特教战线上，立足特教，潜心学习，不断提高自身的专业素质和教育教学水平，不断探讨适合特殊学生个体的教育方法。让我们关爱每一位有特殊需要的学生，从小事做起，坚持不懈，不断反思，不断改进爱的方法。让我们在科研上从小题做起，抓住教学中的点滴，及时思考，记录教学中的困惑,从而逐渐提升自己的教育智慧,让特殊教育的老师们,不断地在学习、实践、反思中提升自己的能力、水平和气质。让我们不断去了解、分析、掌握所教对象的所想、所求、所盼,让教育春风化雨、润物无声,从而早日带领残障学生们向他们神往的梦想遨游。

“我好想有双美丽的翅膀,带我飞向‘鸟巢’,飞向‘水立方’”。歌声时时萦绕我耳边,时刻催我奋进、前行。身残志坚的学生们,老师就是你的翅膀,祖国就是你的翅膀,让我们携起手来和你一起飞翔,和梦一起飞翔。

(本文获2013年徐州市“中国梦——我的教育理想”征文一等奖)

困惑、解惑、收获

——学习《聋校义务教育体育与健康课程标准》有感

新一轮的聋校课程改革基本公共服务均等化总体实现，基础教育、特殊教育取得了巨大的进步，新课程的改革也为特殊教育的教师发挥主动性和创造性提供了更大的空间。但在课改中，引进了许多新的教育思想和新的教育理念，由于对这些新思想、新理念缺乏深刻的理解，致使在实践中产生了些许的迷茫和困惑，成功经验的积累往往就是在困惑、解惑、收获中得以取舍，最好的办法就是学习、感悟、实践。笔者结合自身的学习感想及实践谈谈自己的看法。

一、学习新理念深刻领会新课标的内涵

随着学校体育改革的深入发展，学校体育的理念不断得到更新，特别是伴随新一轮特殊教育课程改革提出的新的理念，其传播之快犹如“忽如一夜春风来，千树万树梨花开”，其影响之大是前所未有的。在教育一线的教师们，要想在实践的过程中，不走弯路或少走弯路，必须全面学习新理念、真正理解新理念的精髓，才能更快地更新自己的理念，从而正确地去实践贯彻新理念的精神。

精髓一：聋校体育必须坚持“健康第一”的指导思想，促进聋生健康成长。精髓二：激发聋生的运动兴趣，培养聋生体育锻炼的意

识和习惯。精髓三:学校体育要以聋生发展为中心,帮助聋生学会体育与健康的学习。精髓四:关注地区差异和个体差异,确保每个聋生受益。

聋生是聋校体育的主体,聋校体育必须以聋生发展为中心。根据以上精髓就要反复思考实践,体育课该如何上,教师该扮演怎样的角色,如何树立“健康第一”的指导思想,怎样奠定聋生终身体育基础,等等。在实践中不难发现,大多实践者都以批判传统体育教育教学为前提,似乎认为传统的都应该改革,这种全盘否定的思想是与辩证唯物主义的历史观格格不入的,它严重忽视了传统教学中的闪光点和可取之处,很容易使改革走向极端,影响新课程的发展。深刻领会新课标的内涵,对传统教学做到“扬弃”,即“取其精华,弃其糟粕”,不能一味抛弃传统教学中的一切,要把传统教学与新理念有机结合。新课程倡导学生自主学习,合作探究,但并不完全否认或废弃传统的接受式学习方式。应在新理念的基础上从思想、意识、知识结构、体育能力、教师行为等几方面去推敲。例如:学习完新课标教师行为应如何更新?新时期体育教师不再只是知识技能的传授者和管理者,而是学生健康发展的促进者和引导者,不再是“教书匠”而应是“工程师”。因此,要记住自己的职责是关注聋生的体育诉求和需要,保障聋生的体育权利,帮助每个学生设计未来,要坚信每个聋生除了听不见,他们能做常人所做的任何事,说明他们都有学习的巨大潜能。

二、切实选准新理念的落脚点

通过学习不难看出上述 4 个精髓即 4 个新理念的落脚点都是聋生。聋生应是教学活动的中心,教师、教材、教学手段都应为聋生的“学”服务。教师应引导聋生积极参与到教学活动中去,并充当教学活动的主角,聋生是学习和发展的主体,学校体育工作都要围绕这一主体服务。而在现实中不难发现，有些观摩课、公开课气氛热烈，学生玩得开心快乐，实质是表面上的“繁荣”，是外在形式的活跃，是毫无意义的走过场，其含金量是不高的。

真实的课堂教学摒弃演练和作假。正像华东师范大学课程研究中心吴刚平教授所言：真实的教学情景是具体的、动态生成的和不确定的，需要在教学过程中才能呈现出来，不是为了观赏。真实的课堂教学应该面对聋生真实的认知起点，展现聋生真实的学习过程。课堂“怪花”没有实用价值，这说明真正的落脚点错了。再如我们学校是一所特殊学校及盲、聋、幼儿康复为一体的综合性特教学校，实施的落脚点就是聋生、盲生、融合学生，必须根据自己的特点选择最恰当的实施方法，在“学讲计划”的教改中，在新课程的实施中就要有取舍地去学习，去实践，去借鉴。

三、灵活运用新理念

灵活，即善于随机应变，不拘泥于一端之谓也。对于教育工作者来说，灵活是不可缺少的一项素质。没有灵活，怎能因材施教？在运用新理念实施新课改中有不同层次的大、中、小学校，有职业技术学校等等，当然还有特殊的盲、聋哑学校，在实施新课改的过程中不能看别家怎么搞你就怎么搞，要针对不同地区、不同学校、不同学生差异，分析学生现状，职业学校不能等同于普通的中学，要根据职业实用性设计、选择内容、方法和操作手段；特殊学校要根据其特殊性，依据学生的身心特点、实际能力来选择切入点，聋生和盲生、肢残学生不能等同，他们受障碍的程度不同，肢体表现能力有很大差异，在实施时不能一刀切，要权衡对比，灵活运用。

四、敢于取舍新理念

在学习新课标时我们发现了它的诸多优点。优点一：用“健康第一”的指导思想来指导体育教学，得到普遍认可。优点二：新课标确立的运动参与、运动技能、康复及身体健康、心理、社会适应等目标体系为体育教学和学生的发展指明了方向。优点三：新课标提出的4个理念不仅新颖，而且体现了以学生发展为中心的现代教育发展的总趋势。优点四：课程的评价理念有利于调动师生的积极性和主动性。

优点虽多但也有许多让实施者无从下手的感觉。例如：体育课要以师生思想活动为基础，以身体活动为主要手段来传授和掌握知识、技术、技能。在实施新课标中，笔者觉得随意性过大，教师想教什么就教什么，爱教什么就教什么，这样学生对知识的掌握缺乏系统性。因此，要以“一校一品”为抓手，即一个学校结合自己的师资、地域等特点创建一个属于自己的品牌，或一个特色，发挥群体的智慧与凝聚力，争创某地域的一流学校。

许多新的东西、新的理念都是在不断总结中得来的。在实施的过程中，我们既要根据自己的实际情况大胆地尝试，还要敢于取舍新的理念，使聋校课程改革早日趋于成熟、使特殊教育学校体育工作更加完善。

（本文获2004年徐州市教育学会论文二等奖，收入本书时略有改动）

谈聋校体育教学中的美育

一、高度认识美育的重要性

要在体育教学中进行审美教育,首先要求体育教师要学习有关美育教育理论、理解美育与体育的关系。注意培养自己的审美能力,对体育审美对象、审美意识、审美情感、审美心理、审美理想、审美创造有所了解,并能在体育教学中加以应用,这是审美教育的前提和基础。只有从思想上高度重视,才能在体育教学中有意识地带领学生发现美、鼓励学生鉴赏美,并启发学生创造美的能力。

二、带领学生去发现美

体育中处处是美:队列队形(圆形、三角形、菱形)的图案美;教师娴熟的手语、和蔼的表情、优美的示范;技术动作的韵律美、力量美;同学间互帮互助、顽强拼搏的精神美;场地器材的设置美;教学挂图的绘图美。总之,时时处处都能对学生进行美的教育。教师需要做个有心人,利用各种时机、各种手段教给学生正确观察的方法,用良好的心态去发现美的存在。俗话说,会看的看门道,不会看的看热闹,讲的就是会不会观察。例如:可通过多媒体播放艺术体操、韵律舞蹈、各种球类、马拉松跑等展示体育运动员们的动作美、韵律美、球类比赛中的竞争美。奥运健儿们练习动作的刻苦钻研、精益求精,耐久跑中坚忍不拔,无不体现体育之美。通过提高学生的观察能力,使学生能在快速、复杂、精细中去发现体育之美,从而学会鉴赏美。

三、鼓励学生去鉴赏美

体育美蕴含在体育活动的每个环节,需要师生共同去挖掘。教师通过生动有力的话语和鲜明的形象示范去启迪学生,激起他们的审美情感。情感乃是我们所说的信念的力量,我国运动健儿只有树立了为国争光的坚强信念,才能有追求成功的强大动力。体育教学中可以通过观察法、讨论法、训练法、竞赛法去鉴别体育动作中的形体美;运用正误对比法发现技术动作的错误,从而引起全班同学的重视;运用情景教学、快乐教学,适时展示体育中的美,如让篮球队的同学表演扣篮,让舞蹈队的同学展示优美的民族舞、时尚的街舞、排舞、啦啦操等。体育工作者要从体育的各个环节,鼓励学生明辨真美,摒弃不正当的竞赛所获得一时的美。通过自学反思、刻苦学练、互学互练、小组合作学练,从而能积极主动地去创造美。

四、启发学生去创造美

在体育教学的每个环节都有机会发挥学生的创造力,队列队形的排列、场地器材的设置、动物模仿的学练、韵律操的创编、各种小比赛中的裁判……在教师平时教授的基础上,学生掌握了基本知识后,在教师提供的舞台上通过网络收集素材、观摩运动员们的表演。学生们利用自创、一帮一结对子、小组合作学习,大胆创新,所学知识应用之娴熟、动作变化之多、动作之新颖、表现欲之强、后进生进步之快,无不蕴含着体育之美,无不体现体育之快乐。如在冬季系列比赛中,比赛规则是看哪个班创编的花样跳绳多,于是学生创编了“跳长绳接龙”“小驴推磨”“双摇跳”“渔翁结网”等几十种跳法，让人目不暇接，无不体现着美育之价值。

美是一种形式，也是一种价值，更是一种心灵的体验；美是创造的源泉，也是人生的最高境界。当代哲学家周国平先生曾说：一个爱美的民族总是有希望的，它不会长久忍受丑陋的现实，一个人，一个民族，只要爱美之心犹存，就总有希望。青少年的心灵如一张白纸，染之苍则苍，染之黄则黄，我们应当调出最美的色彩描画学生纯洁的心灵，育出一代新美之人。体育教师要树立明确的目标，在体育教学中从实际出发，逐渐培养学生发现美、鉴赏美，从而主动去创造美的能力。要想使体育与美育完美结合，不是一朝一夕就能够完成的事情，需要体育工作者持久关注、不懈努力。

（本文获2008年中国教育学会特殊教育分会论文评比一等奖，
收入本书时略有改动）

特别的爱　给特别的你

——读《当代特殊教育新论》后引发的教学尝试

未来的社会是一个知识多元化的社会，更是一个学习多元化的社会，教师的自身素养、教学方法的更新都需要教师必须树立终身学习的理念，教师职业特性要求教师必须终身学习。假期，为了提升自己的专业知识，笔者拜读了丁勇老师主编的《当代特殊教育新论》，书中强调特殊教育的教师要具有根据不同残疾类型、不同学生的特点选择，设计不同的教学内容、方法、策略和模式的能力，并强调要根据特殊学生的不同需要，开发出满足学生身体、认知、语言、情感、交往、生活能力等各方面发展需求的课程。为了培养特殊学生的综合能力，检验读书成果，新学期在教学中进行尝试。

新学期第一节体育课。授课班级是听障教育部高三班，也是校年级最高的班级。为了使学生在新学期有新的目标，笔者除了强调体育课的课堂常规外，也给他们戴了个“高帽”，说：“经过上学期的师生评比，我们班是最优秀的班级，相信你们也一定能做个最优秀的大哥哥、大姐姐，成为全校学生学习的榜样。”然后采用分组的形式，讨论本学期在体育活动中的打算。

教学计划：第一，为了提升每个学生的组织能力，培养他们的胆量及责任意识等，本学期，我们将以抽签或排队顺序安排“小老师”

“小助手”的轮岗制。第二，分组讨论本学期在体育锻炼、体育学习中的打算，并要求他们能用各自不同的形式表现出来。笔者把课前准备的白纸、铅笔、彩色笔、尺子等学习用品发给学生。4个小组在队长的带领下，明确分工、互相讨论，20分钟后4个小组分别交出了自己满意的答卷。

第一组用最简单的方法，每个同学写上自己的名字，并写上一句励志的话语。有的写：“努力锻炼，提高素质”；有的写：“互相帮助，共同进步”；有的写：“我喜欢打篮球”；有的写：“强身健体为国家……”但是他们队的队名很有意思，叫作“二叶护六花”。经了解，原来是因为本组有8名队员，2名男生6名女生，男队员希望在今后的体育活动中，为本组6名女生好护花使者，做好绿叶，衬托花的美，非常有男子汉的担当。

第二组展示了一串糖葫芦，命名为“七彩葫芦队”。笔者有些不解，队长便指定一名队员讲解其意思。七彩葫芦队有7名队员，葫芦把手代表胡佳乐同学，因为胡佳乐同学个子高，体质弱，大家希望都来支持帮助他，使他健康成长。每个糖葫芦代表不同的学生，每个学生都根据自己的喜好、特点作画，并在每个葫芦上写上名字、爱好等。看着大小各异的糖葫芦，解开了笔者起初的困惑：为什么有的那么大？有的那么小？有的那么瘦？……原来作画前后他们都是经过思考、有过思想斗争的，就连把手上的条纹也是有故事的。队员们希望大家团结一心、共同进步，谁在前进的路上跟不上队伍，就用这坚硬之处“戳”一下，进步了再赏他一颗糖葫芦。哈哈，学生们设计得不错，有点意思。

第三组用一棵茂盛的苹果树来展示他们新学期的打算和各自的兴趣。每一点设计都包含着不同的意义，有的愿做树干，支持全队努力共进；有的愿做一颗饱满的果实；有的愿做一片树叶，努力展现顽强拼搏的斗志……

第四组展示的是一幅寓意深长的画，画中间是一个从黑洞伸出的梯子，梯子四周是一棵棵向日葵，画的最上层是阳光、白云等。“同学们，谁来说说你们展示的这幅画的意思？”生 A：“我们如向日葵一样，勇敢向着太阳。”生 B：“我们要紧紧抱在一起，团结互助，和向日葵一样。”生 C：“我们虽然残缺，但我们不怕黑暗，不怕困难，从最下面一梯一梯勇敢向上登攀，直到看见白云蓝天的模样。”此时，泪点很高的我竟然眼含泪滴，懂事的学生跑到我面前给我一个拥抱，面对这一群如此优秀、如此阳光可爱的学生，我有什么理由不努力？

同学们，无论你是一个供人攀登的梯子、一片叶子，还是一棵大树……你们都将是祖国的未来，社会的希望。一片叶子不算什么，片片叶子成就春天；一棵大树不算什么，棵棵大树便是森林。同学们，愿你们在新学期都能茁壮成长，早日成为参天大树。你们要相信自己一定能行，无论你是一片叶子，还是一颗小小的糖葫芦，都有各自的优点，做坚强、阳光、自信的自己，你们就是最棒的。

笔者把本节课的经过发到了微信朋友圈，让我们来看看朋友圈微友们的评论。朋友 A：“赵老师，体育课上得这么文艺，让我们这些语文老师情何以堪？”朋友 B：“遇到您这样对学生有爱心有信心、对工作有热心的老师，真是学生最大的幸福。”朋友 C：“谢谢赵老师的创新课堂，我家孩子回家常常夸您，孩子非常喜欢锻炼，昨天缠着我陪她练车轮跳。”朋友 D：“智慧课堂，智慧人生，谢谢师傅的启发，我会在今后的课堂中开拓创新，努力提升自己驾驭课堂的能力，早日成为学生爱戴的老师。”我们暂且不提这些友人对本次课的评价，我收获到的惊喜是学生信任我了，我能走近学生了。学生大了，有些时候你想深挖学生内心很不容易，要想办法通过另一种方式鼓励他们说出自己内心的想法，用不一样的途径走近他们心里，才能发现哪些学生内心有缺失，更需要我们的帮助；哪些学生是阳光向上的，有大胸怀，大胆识，能在班级中负责任，有担当。

教师们，成长是最大的快乐，只有走近学生心里，了解学生的真正需求才能用更好的教育方式帮助引导他们快速成长。

同学们，小草有小草的美，大树有大树的茂，只要我们在成长的路上团结合作，勇敢向前，就一定不会辜负青春。

通过本节课的自然生成，笔者发现每个学生都展现出了他们的个人素养、家国情怀、社会品质、团结协作、顽强拼搏、创新实践等方面的精神，这正是体育与健康核心素养所要培养的目标所在。为了特殊儿童的全面发展，特殊教育体育教师们除了具有普通教师所具有的素质外，还要具有教育特殊儿童需要的专业理念、专业知识、专业技能及专业能力。提升专业化最好的捷径就是多读书、善实践、多反思，从而成为“文武”兼备的新时期合格的体育教师。笔者相信每一位体育教育工作者，只要在严格执行国家课程方案和课程标准的前提下，结合自身实际，立足体育课堂，立足学校教育主题活动、社团活动、体育实践活动等多种形式，多种渠道地去培养学生，学生的运动能力、健康行为、体育品质一定会达到我们理想的状态。成就学生的同时，也是成就我们自己。

（本文发表于 2020 年 7 月《中国学校体育》，收入本书时略有改动）

荆棘编成的冠冕

——记江苏省徐州市特殊教育学校体育教师赵美娟

时光倒退回3年前,40岁的赵美娟刚刚完成一件创举,带着徐州市特殊教育学校的8个盲孩子在韩国举办的盲人网球邀请赛中,摘取了两枚国际比赛的金牌。

谁能想象,这些在国际赛场上斩金夺银的学生们,刚开始,连跑步都不敢。“盲孩子学体育,迈开腿不容易,总担心前面有东西,担心地不平,那种对黑暗的恐惧明眼人是很难体会的。”学生们不敢跑,赵美娟就用哨子引着他们跑,低年级的孩子跑得慢,一跑一咯噔,赵美娟心里面也咯噔,对着他们大喊:“孩子,前面什么也没有,大胆跑!”孩子还是不敢跑,赵美娟急得拉着他们跑。慢慢地,学生们终于敢绕着操场跑圈了,赵美娟激动得掉眼泪,她知道这些学生们要拿出多大的勇气才能跑得这么快。而勇气之外,还有对老师的绝对信任,这种信任是在日复一日的贴身陪伴中建立起来的。刚开始,能教的东西很有限,从最简单的侧平举开始。赵美娟想了一个好办法,像模特一样保持一个姿势,让学生们过来摸。“来来来,到老师这儿来,这样就叫侧平举。”盲生举得高高低低,她再上前纠正,没学会的再摸,学生们就这样学会了侧平举,学会了半蹲,学会了稍息，学会了跑，学会了跳，学会了打网球……“这些孩子出了国，拿了奖牌和奖金，他就会自信得多，对生活也有帮助，可能一生的命运都会改变。”她知道无论学生们多么努力地训练，毕业之后可能只是从事按摩师的工作，但她还是希望他们能通过自己的努力改变命运，按摩师不应该是这些盲孩子的人生天花板。2000 年，徐州聋校和盲校合并成为徐州市特殊教育中心，赵美娟同时接手了聋孩子和盲孩子的体育课。带盲孩子和聋孩子，是两种完全不同的辛苦，两种苦她都深有体会，却甘之如饴。

20 多年来，这些聋孩子和盲孩子参加国际国内几十场比赛，光闪闪的奖牌得了几百块，没有出过一起安全事故。这么多年来，对于赵美娟而言，家庭和学校早已密不可分。她的先生也是特教战线的一名教师，每天回到家里，讨论最多的还是怎么去帮助这些孩子。她自己的孩子一岁八个月就送到了幼儿园，早上幼儿园没开门，她就背着自己的孩子陪学生们晨练。“这些孩子也是家人。他们虽然没有那么耳聪目明，可心是雪亮的。你对他们好，他们也对你亲。”她动情地说。23 年的特教生涯，带给她的，除了耀眼的专业成绩，还有一颗宝贵的、金子般的心。

眼下，她正在积极向多方申请残疾人康复运动的场地。“想让学生们也能接触到高雅的网球运动，为学生们增添欢乐。”她还想依托学校的资源，办一个残疾人体校。43岁，一个正当年的体育老师，她说自己还有很多助残的心愿要实现。

（作者李月昭，发表于2015年17期《现代特殊教育》，收入本书时略有改动）

阳光般的她

一想到她,那阳光般的灿烂笑容便顷刻扑面而来,随即,周围的一切似乎也温暖起来了。

她,就是入党 22 年来多次被评为“优秀共产党员”的赵美娟老师!

她,用自己的行动诠释着“一名党员,一面旗帜”的真正内涵!

一、积极进取,自带光芒

短发,运动装,是体育老师赵老师的日常标配。但只要一逮到“臭美”的机会,眉笔、口红、长裙……踩着高跟鞋的她就会款款走来,干练而不乏优雅!她说:“人这一辈子,就得美美的,自己心情好,让别人也觉得舒服!”大家也都喜欢叫她“老美”!

“爱读书的人,灵魂都会优雅起来!”老美,想必一定是被圈在“爱读书的人”范畴内的。朋友圈里,常常看到她清晨五点多爬起来读书打卡、写读书笔记、写反思。不仅读书有计划,她每年还都会给自己定下小目标:学习几本书、写几篇文章、多长时间写一篇教学反思,完成哪个课题等,并努力地完成自己的一个个小目标。其实老美并不是那种写文章随手拈来的人,但走得多了,自然也就有了路。爱读书,善钻研,笔耕不辍!这使得老美也收获了很多成果。近几年老美主持了7项课题，发表论文10多篇，还有20多篇论文在全国、省、市论文评选中获奖。

教学中的老美似乎更能折腾，她总是不安现状。她特别喜欢研究课堂，研究学生。她的“体育微课进课堂”“超级达人”等灵活多变的新教学方法让学生们天天对体育课翘首企盼。在老美的带领下，我校还创新开展了全员趣味运动会，一校一品花样绳操，使盲生、聋生也能和普通学生一样享受体育运动所带来的快乐。近年来，她上了大大小小的省市级公开课20多节，每节课都受到领导和师生的一致好评！

“只要功夫深，铁杵磨成针！”老美多次被评为全国残疾人体育工作先进个人、江苏省优秀教育工作者、徐州市三八红旗手、徐州市领军名师、徐州市优秀女教师等光荣称号，多次年终考核为优秀等次。

老美就是这样“老美了”，时时充满正能量，如阳光般自带光芒！

二、爱岗敬业，爱生如子

老美也算是老教师了，还有2年就能拿到工作30年的纪念章了。但我们还经常能看到近50岁的她亲自带领学生们拼杀在训练场和赛场，无论寒冬酷暑。为了让学生们体会体育的乐趣，她的课堂经常有创新。比如绳操，为了花样多一些，她自己反复揣摩，和体育组老师一起琢磨、不厌其烦地练习花样。为了让残疾儿童更有尊严地参加比赛，她无论负责哪个项目的训练，都刻苦钻研，科学训练。老美所带的运动队的学生，获得500多枚奖牌的骄人成绩，多次受到省市领导的赞誉！也许只有老美更清楚，这累累硕果背后，却是一次次挥汗如雨、一次次汗水和泪水的交织。

可她却无怨无悔，她常说：“这要是咱自己的孩子，咱肯定得对孩子尽心尽力！”老美经常用自己的医疗卡为生病的学生买药，经常给她们买生活学习用品、营养品,给她们讲励志故事,亲自为受伤的队员做按摩等。因此,她在训练时是老师,训练后学生们常自然而然地叫她“赵妈妈”。几年前,有个孩子王某家庭比较困难,学校放假时,家里人不能及时来接,“赵妈妈”就时常把他接到自己家里。有一次,我们班的学生邱某课余自己跳着玩,不小心扭了脚,可当我这个班主任到场时,却看到“赵妈妈”早就在场了,她已经给学生做了冷敷,拿来自备的红花油,给学生讲解如何做好后续的按摩及康复训练。

“赵妈妈”,你是有千里眼还是顺风耳?为何你总是能做到如阳光般洒落到学生们需要你的每个角落?

三、团结协作,待人如春

老美的微笑很有感染力,让人觉得似乎只要她在你身边,就没有什么烦恼或困难。同事们大大小小的事都喜欢找她来拿主意,想办法。

老美不仅喜欢自己折腾,还喜欢带着大家一起折腾。“趁年轻,赶紧再折腾折腾!”这是她常说的话。体育教研组有 5 个组员,其中有4名党员,3位老师取得了中小学高级教师资格,每位老师都有可喜可贺的成绩。每次有教科研、教学方面的理论提升或各种比赛、评比,她都鼓励大家积极参加,指导他们怎样写教学反思、怎样写论文等。她经常用"我是体育教师,我一个'习武'之人都能潜心教研"来鼓励年轻的教师立足课堂,潜心钻研,勤于写作。体育教研组在她的引领下,每次都获得校优秀教研组一等奖。而每次工会活动或者学校组织的活动,老美也总是一马当先冲在前面。

老美总是能如阳光般让大家紧紧融合在一起,团结协作,齐头并进!

一名党员就是一面旗帜!重责任、敢担当、讲奉献的党员才是一名合格的党员。赵美娟老师始终站在党员队伍的前列,默默无闻地干着本职工作,如阳光般时时刻刻闪着光,发着热,温暖自己,照亮他人。

嘘!我仿佛听到老美在徐州市特殊教育学校的操场上喊口令:"稍息!立正!向我看齐!"

(本文作者王婷,获2019年徐州市"一名党员,一面旗帜"征文一等奖,收入本书时略有改动)

发表论文一览

1.《兴趣在聋校体育训练中的作用》,发表于《铜山教育》2000年第4期。

2.《奥运在残疾孩子心中》,发表于《中国教育报》2008年5月29日第4版。

3.《体育让他们成为生活的强者》,发表于《中国教育报》2008年10月7日第8版。

4.《徐州地区聋哑学生身高、体重偏低的致因与对策研究》(与朱卫东合作),发表于《南京体育学院学报》2010年第9卷第1期。

5.《聋校体育教学中的变与不变》,发表于《南京师大学报》2010年第33卷。

6.《转变学习方式　促进聋生发展》,发表于《中国教师》2010年第10期。

7.《盲、聋融合的体育课堂教学新模式实验报告》(与朱卫东合作),发表于《现代特殊教育》2010年第10期。

8.《特奥运动教练队伍现状分析及培养初探》,发表于《当代体育科技》2012年第23期。

9.《运动简笔画在自主学习中的运用与反思》,发表于《科学大众》2013年第11期。

10.《七彩绳体育教学课例分析》,发表于《现代特殊教育》2014年第12期。

11.《只因有你 你 你 我才成为了天使》,发表于《现代特殊教育》2015年第12期。

12.《走出孤独 寻找快乐》,发表于《科学大众》2017年第10期。

13.《合作在跑道上的魅力》,发表于《体育风尚》2018年第1期。

14.《浅谈盲人网球教学设施和练习方法优化》,发表于《现代特殊教育》2017年第11期。

15.《实施伙伴互助,构建高效融合课堂》,发表于《现代特殊教育》2019年第10期。

16.《运用普校标准测试 促进聋生健康发展》,发表于《科学大众》2019年第12期。

17.《学行知思想 创聋校体育新课堂》,发表于《行知论坛》2019年第12期。

18.《特别的爱给特别的你》,发表于《中国学校体育》2020年第7期。

19.《快乐的视障网球》,发表于《中国残疾人》2020年第12期。

获奖论文一览

1.《聋校体育教师如何适应素质教育》,1998年12月获徐州市体育学科论文一等奖。

2.《体育教学中如何培养聋生的自信心》,1999年3月获铜山县素质教育论文二等奖。

3.《如何培养聋生对田径训练的兴趣》,2000年10月获徐州市教育学会论文一等奖。

4.《综合考虑优化聋校体育课堂教学设计》,2000年11月获江苏省特殊教育研究会论文二等奖。

5.《认识差异性 培养自信心》,2001年12月获铜山县教育论文三等奖。

6.《聋生健康教育学习激趣八法》,2001年10月获徐州市教研室论文二等奖。

7.《聋生排球训练方法的创新》,2003年12月获铜山县教育局排球论文一等奖。

8.《实施"新课标"之我见》,2003年12月获徐州市教研室论文二等奖。

9.《困惑 解惑 收获》,2004年12月获徐州市教育学会论文二等奖。

10.《营造良好的聋、盲合作学习训练环境》,2005 年 5 月获江苏省特殊教育研究会论文三等奖。

11.《改变学习方法 促进聋生发展》,2005 年 12 月获徐州市教育学会论文一等奖。

12.《优化教师队伍 提高办学水平》,2006 年 6 月获全国第二届现代特殊教育论文二等奖。

13.《让课堂成为聋生自主探究的舞台》,2008 年 3 月获徐州市教育学会论文三等奖。

14.《谈聋校体育教学中的美育》,2008 年 9 月获中国教育学会特殊教育分会二等奖。

15.《激趣乐学　自主探索》,2009 年 5 月获徐州市“创新杯”教学论文一等奖。

16.《浅谈聋校体育教学中的几种诱导》,2009 年 12 月获徐州市“科研杯”教学论文二等奖。

17.《QQ 农场的启示——我的育人经》,2010 年 12 月获徐州市“科研杯”教育教学论文一等奖。

18.《走出孤独 寻找快乐 》,2011 年 12 月获徐州市“科研杯”优秀教育教学论文一等奖。

19.《把钉鞋挂在脖子上》,2012 年 8 月获徐州市“科研杯”优秀读书论文二等奖。

20.《视障朋友的体育新天地》,2012 年 8 月获徐州市艺术教育优秀论文二等奖。

21.《漫谈读书与写作》,2012 年 12 月获徐州市“科研杯”优秀教育教学论文二等奖。

22.《借你一双眼睛》,2012 年 12 月获徐州市教育学会优秀教育案例一等奖。

23.《驾驭命运的舵》,2013 年 5 月获徐州市“科研杯”优秀教育教学案例二等奖。

24.《点燃希望,和梦一起飞翔》,2013 年 6 月获徐州市教育局“中国梦——我的教育理想”征文一等奖。

25.《浅谈视觉障碍人网球运动“心术”的培养》,2013 年 12 月获徐州市“创新杯”优秀论文二等奖。

26.《浅谈残疾学生“乐商”的培养》,2014 年 12 月获江苏省现代特殊教育论文一等奖。

27.《无声世界　快乐合作》,2014 年 12 月获徐州市“科研杯”优秀教育教学论文二等奖。

28.《聋校“学讲计划”课堂改革中的谨防》,2015 年 12 月获徐州市“创新杯”优秀教学论文一等奖。

29.《快乐的小熊》,2016 年 3 月获中国学校体育优秀教学案例二等奖。

30.《浅谈“学讲计划”中提高学困生参与度的方法》,2016 年 6 月获徐州市“科研杯”优秀教育教学论文二等奖。

31.《教育的合力》,2017 年 7 月获中国教育技术协会中小学专业委员会教学叙事一等奖。

32.《特殊教育学校全员运动会的创新与设想》,2017 年 8 月获江苏省现代特殊教育论文二等奖。

33.《“学讲计划”背景下反向融合教育中体育课堂新气象》,2017 年 10 月获江苏省“师陶杯”教育科研论文二等奖。

34.《反向融合体育课堂中同伴支持的教学策略》,2017 年 12 月获江苏省“师陶杯”教育科研论文二等奖。

35.《浅析盲人引跑员的选拔和培养》,2017 年 12 月获徐州市“创新杯”优秀教学论文一等奖。

36.《浅谈微课在聋校体育教学中的作用》,2018 年 5 月获全国现代特殊教育论文三等奖。

37.《特教“全、新”运动会使残疾孩子乐融融》,2018 年 6 月获徐州市“科研杯”教育教学论文二等奖。

38.《伙伴互助学习使融合课堂更融合》,2018 年 12 月获徐州市“行知杯”优秀论文二等奖。

39.《巧设学习场提高聋生花样跳绳技巧》,2019 年 11 月获徐州市“科研杯”教学案例一等奖。

40.《运用普校标准测试 促进聋生健康发展》,2019 年 12 月获江苏省“师陶杯”论文二等奖。

41.《以绳促德 以绳健体 以绳增智》,2019 年 12 月获徐州市“创新杯”教育教学论文二等奖。

42.《徐州 2017—2019 年聋中学生体质健康标准测试结果研究》,2020 年 5 月获徐州市“科研杯”教育教学论文一等奖。

课题研究一览

1. 2008年11月主持徐州市教师个人课题“盲、聋融合的体育课堂模式研究”。

2. 2010年3月主持徐州市教师个人课题“构建自主学习的体育课堂行动研究”。

3. 2011年6月主持徐州市教师个人课题“针对聋生陈某某进行的个别化教学研究”。

4. 2015年12月主持徐州市教育科学“十二五”规划课题“视觉障碍网球教学的实验研究”。

5. 2017年7月参与江苏省重点资助课题“发挥特教资源中心作用构建学前融合教育模式研究”。

6. 2018年12月主持徐州市教师个人课题“聋生体育微课的开发与应用研究”。

7. 2018年8月主持全国阳光体育课题“全员运动会的创新研究”。

8. 2019年9月主持徐州市教育科学“十三五”规划课题“听障中学生《学生体质健康标准》测试对比研究”。

9. 2019年9月主持徐州市教师个人课题“聋校花样跳绳校本课程开发研究”。

荣誉一览

1. 1995年6月被铜山县教育局评为优秀执考员。
2. 1996年11月被铜山县教育局评为学校体育先进工作者。
3. 1998年3月被铜山县教育局评为先进体育工作者。
4. 1998年11月获江苏省体育教师手语比赛二等奖。
5. 1999年3月被评为铜山县学校体育先进工作者。
6. 1999年3月被铜山县政府评为优秀。
7. 1999年9月被铜山县教育局、铜山县教育工会评为先进个人。
8. 1999年12月获江苏省体育教师基本功比赛一等奖。
9. 2000年7月被铜山县教育局评为优秀共产党员。
10. 2000年10月获铜山县体育教案评比三等奖。
11. 2001年4月被铜山县教育局、文体局评为先进工作者。
12. 2002年6月被徐州市残疾人联合会评为优秀教练员。
13. 2003年3月被铜山县教育局评为学校体育先进工作者。
14. 2003年3月被铜山县总工会评为先进女职工。
15. 2003年7月被铜山县教育局委员会评为优秀共产党员。
16. 2004年8月被徐州市残疾人联合会评为优秀教练员。
17. 2005年2月被铜山县总工会评为先进个人。

18. 2005 年 7 月被铜山县教育局委员会评为优秀共产党员。
19. 2006 年 6 月被评为徐州市特殊教育体育学科带头人。
20. 2007 年 5 月被中国残联、国家体育总局评为全国残疾人体育工作先进个人。
21. 2008 年 4 月获徐州市基本功比赛二等奖。
22. 2009 年 9 月被徐州市教育局工会评为工会工作先进个人。
23. 2009 年 10 月被江苏省体育局评为裁判道德风尚奖。
24. 2010 年 7 月被徐州市委教育工委评为优秀共产党员。
25. 2010 年 10 月被徐州市教育局、徐州市体育局评为优秀教练员。
26. 2011 年 5 月获徐州市特殊教育教师基本功比赛一等奖。
27. 2011 年 7 月被徐州市委教育工委评为教育系统优秀共产党员。
28. 2011 年 11 月获徐州市中小学教学优质课评比二等奖。
29. 2012 年 3 月被徐州市妇女联合会评为三八红旗手。
30. 2013 年 3 月被徐州市教育局、徐州市体育局评为徐州市学校体育工作先进个人。
31. 2013 年 8 月被徐州市教育局评为徐州市学科带头人。
32. 2014 年 11 月被中残联体育部、北京体育大学评为优秀学员。
33. 2015 年 9 月微课“三级跳远”获中国教育学会听障组二等奖。
34. 2015 年 9 月获中国教育学会信息技术与学科整合课一等奖。
35. 2015 年 9 月被评为感动江苏教育人物最美特教教师提名奖。
36. 2016 年 3 月被徐州市教育局评为 2015 年度考核优秀。

37. 2016年12月微课“快乐的视障网球”获江苏省“领航杯”一等奖。

38. 2016年6月被江苏省教育厅评为优秀教育工作者。

39. 2017年1月获徐州市特殊教育教师基本功大赛一等奖。

40. 2017年12月被徐州市教育局评为徐州市“领军名师”。

41. 2017年12月获徐州市教育局摄影比赛三等奖。

42. 2018年3月被徐州市教育局评为优秀。

43. 2018年8月被徐州市残疾人联合会评为优秀教练员。

44. 2018年12月被国家体育总局体操运动管理中心评为啦啦操优秀教练员。

45. 2019年3月“篮球:二攻一防‘一师一优课’”获教育部“一师一优课、一课一名师”优课一等奖。

46. 2019年3月被徐州市教育局评为优秀女教师。

47. 2019年11月获徐州市自制教具展评一等奖。

48. 2019年12月被中国残联、国家体育总局评为残疾人工作先进个人。

49. 2019年9月被教育部、中国残联评为“交通银行特教园丁奖”。

50. 2019年12月获徐州市特殊教育优质课比赛一等奖。

51. 2020年1月被江苏省残疾人文体中心评为优秀学员。

辅导学生获奖一览

1. 1995年11月江苏省第四届残疾人运动会，获团体总分第二名。
2. 1996年5月全国第四届残疾人运动会，获第五名1个、第六名1个。
3. 1999年7月江苏省聋校田径运动会，获团体总分第二名。
4. 1999年9月江苏省第五届残疾人运动会，获团体总分第二名。
5. 2001年11月铜山县中小学运动会，获团体总分第六名。
6. 2002年5月江苏省第六届残疾人运动会，获团体总分第二名。
7. 2004年4月全国聋人田径锦标赛，获3枚金牌、1枚银牌。
8. 2004年8月江苏省游泳锦标赛，获团体总分第四名。
9. 2005年4月世界聋人锦标赛，获第五名4个、第六名1个。
10. 2005年5月徐州市特殊学校第三届田径运动会，获团体总分第一名。
11. 2005年10月江苏省聋校学生田径运动会，获团体总分第三名。
12. 2005年11月江苏省残疾人青年锦标赛，获团体总分第四名。

13. 2006年3月徐州市残疾人运动会,获团体总分第一名。
14. 2006年9月江苏省第七届残疾人运动会,获团体总分第二名。
15. 2007年9月全国第七届残疾人运动会,获4枚金牌。
16. 2008年9月全国聋人选拔赛,获3枚金牌、1枚银牌。
17. 2009年11月江苏省残疾人青年锦标赛,获8枚金牌、8枚银牌、2枚铜牌。
18. 2010年8月江苏省第八届残疾人运动会,获4枚金牌、9枚银牌、9枚铜牌。
19. 2012年7月国际视障网球交流赛,获2枚金牌。
20. 2013年5月徐州市特殊教育学校田径运动会,获团体总分第一名。
21. 2013年9月江苏省残疾人田径锦标赛,获4枚金牌、4枚银牌、5枚铜牌。
22. 2014年9月江苏省第九届残疾人运动会,获10枚金牌、10枚银牌、6枚铜牌。
23. 2016年5月江苏省第七届全民健身运动会,获11枚金牌、6枚银牌、2枚铜牌。
24. 2017年8月江苏省残疾人田径锦标赛,获7枚金牌、5枚银牌、4枚铜牌。
25. 2017年12月徐州市阳光体育运动会,获跳长绳一等奖。
26. 2018年8月江苏省第十届残疾人运动会,获4枚金牌、6枚银牌、9枚铜牌。
27. 2018年12月全国啦啦操冠军赛,获一等奖。
28. 2019年10月徐州市特殊教育学校运动会,获团体总分第一名。
29. 2020年10月徐州市特殊教育学校趣味运动会,获团体总分第一名。